le COCKER SPANIEL

Texte et photos :

**Marie-Luce HUBERT
et Jean-Louis KLEIN**

ÉDITIONS S.A.E.P.

68040 INGERSHEIM - COLMAR

Les auteurs remercient pour leur collaboration :

Sandra et Laurent Dies et leur chien Murphy,

Marlyse Hundzinger et ses cockers Cartouche et Herrade du Val de l'Éolienne,

Christiane et Luc Kresser, leurs filles Aurore et Frédérique et les cockers de l'Étang au Cœur Sauvage,

ainsi que le docteur vétérinaire Bertrand Grosclaude, Christine Hurstel, Anne Klein et Christian Romain.

*P*ourquoi un chien ?

Dans notre vie d'humain, le chien remplit de multiples rôles. En famille, il est l'ami discret et affectueux, le partenaire de jeux des enfants, le témoin silencieux des joies et des peines, le gardien dissuasif qui veille sur la maison.

En d'autres occasions, il sert de substitut d'enfant. Devenu le centre de toutes les attentions, il est cajolé, bichonné, entouré d'un amour débordant. Partout où l'homme vit seul, qu'il s'agisse de personnes âgées, veuves ou solitaires, le chien doit remplacer ce qui manque : un être vivant auquel on peut parler. La compagnie d'un chien représente souvent la dernière bouée avant de sombrer dans la solitude. Pour cette raison, on s'y attache trop, on le gâte, on l'humanise, on lui ôte sa vie de chien.

Parfois, il s'agit plutôt d'un esprit de domination qui s'exerce sur l'animal, une méthode comme une autre pour s'affirmer. Une personne qui se sent opprimée dans la société réagit en «déchargeant» son insatisfaction et son besoin de domination sur un être plus faible que lui : le chien. Soumis, il doit obéir aveuglément sans jamais riposter.

Il est certain que par son affection, sa présence, sa malléabilité et sa disponibilité, un chien peut nous seconder moralement. Et pourtant, le nombre de chiens abandonnés, déstabilisés et malades est surprenant.

Il faut considérer le chien comme un animal qui agit d'après ses instincts, un être vivant avec son psychisme. Il ne peut participer à notre vie d'humains que dans le cadre de ses réactions spécifiques de chien.

Laissez le chien être un chien !

LES ORIGINES DU CHIEN

Aujourd'hui, les scientifiques ne doutent plus de l'origine du chien. Chihuahua ou dogue allemand, tous les chiens descendent du loup. En fait, l'espèce canine ne descend pas d'une seule et unique souche de loup domestiquée en un point précis du globe et à une seule époque. Les zoologistes supposent que les principales races de chiens se sont développées à partir de différentes sous-espèces de loup (loup indien, loup du Moyen-Orient, loup européen, loup nord-américain, loup chinois…).

Par manque de preuves fossilisées suffisantes, il est bien difficile de connaître le scénario exact de la domestication du loup, et même de définir avec précision la période durant laquelle elle a eu lieu. La domestication remonte sans doute à 14 000 ans et aurait débuté en différents endroits du globe. Sur le site de Ein Mallaha, en Palestine, le squelette d'une femme, âgé de 12 000 ans, est couché près d'un chiot, la main posée sur le corps de l'animal. De nombreux ossements de chiens, datant d'entre 9 000 et 7 500 ans, ont également été exhumés dans des vestiges de campements humains en Allemagne, au Danemark, en Angleterre et en Amérique du Nord. Toutes ces découvertes permettent d'affirmer que le loup est bien le tout premier animal domestiqué. Avec l'homme, le chien s'est répandu sur tout le globe, jusque dans les régions les plus hostiles et les plus inaccessibles.

ENTRE LOUP ET CHIEN

L'évolution du loup apprivoisé vers le chien domestique s'est accompagnée d'une modification de certaines caractéristiques comportementales et morphologiques : la région faciale se raccourcit, le cerveau s'allège, la taille du corps se réduit, les sens perdent en finesse. Les éthologistes (spécialistes du comportement) observent une « infantilisation » du chien. Certains comportements du chien adulte correspondent à ceux d'un louveteau : les gémissements, une distance sociale minimisée, un comportement de jeu intensifié ne sont que quelques exemples.

Quand on compare le loup et le chien, on constate que la domestication a entraîné une spécialisation : certains chiens auront développé un flair très aiguisé, d'autres une morphologie de chasseur à vue… Comme le suggère l'éthologiste Zimen, on passe d'un loup « décathlonien », pluridisciplinaire, participant à toutes les épreuves avec une performance moyenne mais amplement suffisante à sa survie, à un chien très spécialisé qui, dans une discipline, mais seulement dans celle-ci, dépasse les facultés du loup.

LE COCKER SPANIEL

LE STANDARD

Du point de vue de son tempérament, l'english cocker spaniel ou cocker anglais est doux, affectueux, sociable, plein de vie et d'exubérance. Un chien sain et de bonne lignée n'est en aucun cas agressif. Avec sa queue frétillante, le cocker est typiquement grouillant dans son action, en particulier quand il est sur une piste, et ne craint pas de s'enfoncer dans les fourrés épais pour débusquer le gibier.

Taille : mâle : de 39 à 41 cm ; femelle : de 38 à 39 cm.
Poids : 12 à 14,5 kg.

Très harmonieux dans ses formes, le cocker spaniel est un chien de chasse vigoureux, au corps compact et musclé. Il présente une grande puissance dans un petit volume. La distance du garrot à la naissance de la queue est équivalente à la hauteur au garrot.

Le **corps** du cocker spaniel est puissant et compact, avec une poitrine bien développée et descendue au niveau des coudes. Les côtes sont bien cintrées. Le rein musclé, court et large, donne beaucoup de puissance. Il présente une ligne supérieure ferme et droite qui descend en pente douce de la fin du rein à l'attache de la queue.

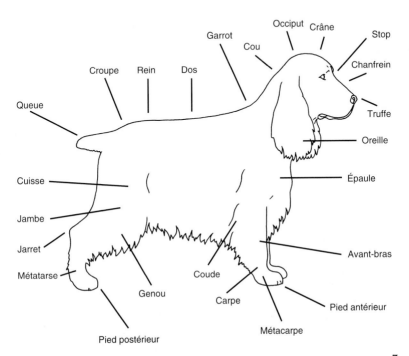

Les épaules sont obliques et fines. L'angulation inclinée permet un bel allongement des pattes avant. Les membres sont de bonne ossature. Les antérieurs sont parfaitement droits et courts pour donner suffisamment de puissance mais pas au point de gêner le mouvement. L'arrière-main est large et bien arrondie. Les membres postérieurs sont puissants, très musclés, pour assurer la propulsion du corps. La cuisse est longue, le jarret bien angulé, les canons métatarsiens sont courts pour donner beaucoup d'impulsion. Les pieds sont fermes et ronds, en « pieds de chat », avec des coussinets épais. La queue, écourtée ni trop long ni trop court, est attachée légèrement plus bas que la ligne du dos et portée à l'horizontale. Elle doit frétiller en action.

Mi-long, plat, soyeux et serré, le **poil** forme des franges sur les oreilles, sous le corps, sur les membres antérieurs et sur les postérieurs au-dessus des jarrets. Le poil ne doit pas être bouclé, frisé ou trop abondant. La **robe** est *unicolore* lorsque le blanc est absent. Elle peut être noire, marron, fauve rouge ou dorée (golden), blonde ou noir et feu. Elle est *pluricolore* lorsqu'elle présente du blanc en combinaison avec le noir, l'orange ou le marron ; la robe bleue est une panachure de noir et de blanc.

De longueur modérée, le cou est musclé pour que le chien puisse porter un gibier sans difficulté. La **tête** longue et sèche, au crâne bien développé, nettement ciselé et doucement arrondi, se distingue par un stop marqué et un museau carré garni d'importantes babines. Les mâchoires ont une dentition en ciseaux. La tête est encadrée de longues oreilles frangées, attachées au niveau des yeux et pendantes. La peau des oreilles atteint l'extrémité de la truffe. Les yeux remplissent bien les orbites sans être saillants. Bruns ou brun foncé, ils sont très expressifs et expriment la douceur, la joie et l'espièglerie.

CARACTÈRE ET APTITUDES

À la maison, le cocker spaniel est un compagnon joyeux, drôle et spontané. Très affectueux, ce quémandeur de câlins est éperdument attaché à son maître jusqu'à se montrer exclusif, voire « pot de colle ». Son grand besoin de contact lui interdit de rester seul des journées entières : il devient dépressif s'il se sent délaissé, d'autant plus qu'il ne supporte guère de rester enfermé. Doté d'étonnantes facultés d'adaptation, il sait se faire discret au bureau comme au restaurant, du moment qu'il peut vous accompagner. La vie en famille favorise son épanouissement. Fougueux et taquin, il sème la joie autour de lui et  se livre à des pitreries étonnantes. Il est toujours prêt à partager les jeux et les bêtises des enfants. Sa petite queue frétillante est un véritable baromètre. Quand elle ne remue plus, on est en droit de s'inquiéter ! Nanti d'une forte personnalité, malicieux et intelligent, pour ne pas dire roublard, le cocker s'éduque facilement à condition de lui imposer une saine autorité dès le plus jeune âge, en mariant douceur et fermeté. Conscient de son charme et de ses talents de comédien, il profite de la moindre faiblesse de son maître et le piège facilement avec ses yeux attendrissants. Son péché mignon : la gourmandise. Ce voleur récidiviste et perspicace, à qui on donnerait le « bon Dieu sans confession », pourrait se goinfrer à longueur de journée si on le laissait faire ! Doté d'un petit fond protecteur même s'il n'est pas le chien de garde par excellence, le cocker a pourtant l'oreille fine et sait aboyer pour prévenir son maître de la présence d'un étranger.

LE « WOODCOCKER »

Contrairement aux idées reçues, le cocker spaniel est d'abord et avant tout un fabuleux chien de chasse, spécialisé dans la recherche de la bécasse et du lapin en milieu forestier. En anglais, il est d'ailleurs appelé « woodcocker », woodcock désignant la bécasse et « to cock » signifiant « lever le gibier ». Compagnon polyvalent, remuant mais peu encombrant, il a rapidement conquis le chasseur citadin.

Le cocker chasse en étroit contact avec son conducteur : un œil devant lui et l'autre sur son maître. De fait, sa quête ne porte pas loin et n'excède pas la portée raisonnable d'un fusil, soit 25 à 30 mètres. Le cocker compense la faible ampleur de sa quête par une recherche intense et très méticuleuse. Il couvre le terrain en lacets étroits et réguliers, ne laissant rien au hasard. Avec son faible gabarit, ce pisteur opiniâtre fouille avec ardeur tous les buissons, chaque touffe d'herbe et se glisse sous les ronciers les plus inextricables. Rarement à découvert, on ne le repère que grâce au tintement de son grelot. L'attirance du cocker pour les épines et le fourré est spectaculaire. Avec un tel « courage à la ronce », il n'est pas facilement concurrencé par d'autres chiens de chasse.

Dès qu'il perçoit une émanation, le cocker spaniel « travaille » son gibier : il ne « l'arrête » pas comme le ferait un chien d'arrêt mais l'indique très brièvement au chasseur par le frétillement intensif de sa queue ou, plus rarement, par son immobilité totale, avant de le « bourrer » énergiquement. Le chasseur n'a plus qu'à tirer le gibier fuyant ou s'envolant. Après la détonation, le cocker fonce vers le point de chute, prend la pièce en bouche et la ramène promptement à son maître. Excellent nageur, il sait également chasser le canard au marais et retrouver le gibier tombé à l'eau. Mais dans ce type de chasse, il ne saurait rivaliser avec son cousin springer spaniel, plus grand, plus puissant et donc plus résistant au froid.

S'il a connu un grand succès auprès des chasseurs de lapins dans l'immédiat après-guerre, le cocker spaniel a, depuis, été victime de la raréfaction de son gibier de prédilection. Aujourd'hui, tout en restant le compagnon préféré du « bécassier », il peut alterner sans problème le field-trial, la chasse au petit gibier et même au gros gibier. Les propriétés de chasse étant de plus en plus morcelées, le cocker est redoutable sur de petites traques, délogeant chevreuils et sangliers des taillis et les menant à la voix sur de courtes distances pour revenir dès que l'animal saute la ligne. Il se charge de fouiller avec ardeur les buissons épineux que la plupart des chiens dédaignent et que les traqueurs contournent. Courageux, il sait « tenir le ferme » sur un sanglier sans toutefois se montrer suicidaire. En Allemagne, le cocker spaniel est même employé à la « recherche au sang » (recherche du grand gibier blessé).

HISTOIRE

La majorité des cynophiles supposent que la famille des spaniels, à laquelle appartient le cocker, descendrait du « Chien d'Oysel » (chien d'oiseau). Gaston Phœbus, comte de Foix, déclarait dans son traité sur la chasse, en 1387 : « Autre manière y a chiens qu'on appelle chiens d'Oysel et Espainholz, pour que cette nature vient d'Espainhe ».

En fait, l'origine des spaniels est controversée. Si certains auteurs affirment que les spaniels sont effectivement originaires d'Espagne (« spaniel » dériverait du mot Espagne), d'autres situent leur souche plutôt en France. D'après ces derniers, « spaniel » serait issu du vieux français « s'espanir » qui signifie se coucher. En effet, lors de la chasse au filet, courante au Moyen Âge et pratiquée essentiellement par les valets, les « chiens couchants » ou « de rêts » devaient détecter la présence de la « plume » (caille, perdrix…) et se coucher aussitôt pour ne pas être blessés par les plombs lestant le filet. Les nobles employaient davantage le spaniel pour la chasse au faucon ou à l'autour : le chien levait le gibier à plumes pour le rapace puis le rapportait.

Dans le chapitre consacré aux spaniels, Gaston Phœbus poursuit : « Les bonnes coutumes que cieux chiens ont, sont qu'il ayment bien leur mestre et le suyvent sans perdre parmi toute gent. Aussi sont-ils volontiers toujours devant quérant et jouant de la cueue et encontrant de tous oysiels et de toutes bêtes ». Ce témoignage montre que le spaniel avait déjà le tempérament et le comportement de chasse que nous lui connaissons aujourd'hui, d'autre part il prouve l'utilisation du spaniel dans la France du XIVème siècle. Quelle que soit l'origine exacte, tous les cynophiles s'accordent pour reconnaître que ce sont les Anglais qui ont « façonné » les spaniels. À la même époque, l'anglais Chauser mentionne la race dans *The Wif of Bathes Prologue*. En 1570, John Keys, futur médecin de la reine Élisabeth 1ère, dresse une liste complète des chiens présents en Grande-Bretagne, mentionnant des spaniels, importés d'Espagne, et établis depuis longtemps sur l'île.

Les origines du cocker spaniel

Pendant très longtemps les spaniels ont été considérés comme un groupe homogène et ce n'est qu'à partir du XVIIIème siècle qu'une différenciation intervient selon la spécialisation des chiens. Vers 1700, le premier duc de Marlborough fait l'acquisition d'un couple d'épagneuls nains. Satisfait de leurs qualités de chasseurs, il se pique d'élevage, opère vraisemblablement des croisements entre ses toy spaniels et des spaniels de chasse puis sélectionne des chiens rouge et blanc, les « blenheim », d'après le nom de sa résidence.

LES COUSINS DU COCKER SPANIEL

L'english springer spaniel, *généralement foie et blanc ou noir et blanc, est le plus grand des spaniels. Les chasseurs apprécient grandement ce « broussailleur » actif, endurant et robuste. Sa quête est « bondissante » et non grouillante comme celle du cocker. Parfait pour « chasser à la botte », il est très efficace au bois et excellent au marais. Dans ce domaine, il l'emporte d'ailleurs sur le cocker spaniel. Quand le « spring » a les pattes dans l'eau, le cocker nage déjà ! Avec son faible gabarit, le cocker résiste également moins bien au froid ; d'autre part, le gibier qu'il rapporte est deux fois plus lourd que pour un springer.*

Le cocker américain, *sélectionné dans les années 30 aux U.S.A., montre bien l'évolution d'un ex-chien de chasse vers l'utilisation quasi exclusive de chien de compagnie. Le crâne arrondi, le stop prononcé, le museau court, de grosses babines et les yeux très ronds, « attristés » par des arcades sourcilières développées et des paupières inférieures souvent lâches, lui procurent une expression infantile typique. Sa fourrure, longue et fournie, ondule avec chaque enjambée, ce qui laisse plus d'un spectateur sous le charme.*

En 1873, parmi les « field spaniels », on sépare le « springing spaniel » du « cocking » ou « cocker spaniel », plus petit et spécialiste de la bécasse. Le cocker, de son vrai nom « english cocker spaniel », se développe surtout au Pays de Galle et dans le Devon. Il est officiellement reconnu par les autorités canines en 1892. Un premier standard est rédigé en 1901. En 1902, le Kennel Club abandonne définitivement le système assez cocasse de la pesée, d'après lequel, était cocker tout spaniel pesant moins de 25 livres !

Certains reproducteurs ont joué un rôle important dans la sélection du cocker spaniel. Ainsi, Obo, né en 1879 au chenil de Farrow, est considéré comme l'ancêtre du cocker moderne. De robe noire, il pesait à peine 10 kg et mesurait 25 cm au garrot !

Arrivé en France à la fin du XIXème siècle, le cocker anglais remporte un énorme succès auprès des chasseurs de lapins mais doit sa popularité actuelle davantage à ses qualités de chien de compagnie.

LA FOLIE DU COCKER SPANIEL GOLDEN

La « folie du cocker » a rendu tristement célèbre le cocker anglais golden (ou rouge). Un véritable « cocker-boom » eut lieu dans les années 70. Consacré chien des célébrités, des hommes politiques et de nombreux sportifs, le cocker golden devint rapidement très populaire. Pour répondre à une demande grandissante, le cocker rouge fut produit de manière industrielle dans certains pays (Hollande, Belgique, Grande-Bretagne). Ces producteurs de chiens ne se soucièrent guère de la qualité, ignorant tout de la sélection et provoquant des alliances dans la plus folle consanguinité. La quantité étant la clé de l'enrichissement, ils firent reproduire les chiennes dès leurs premières chaleurs et sans interruption dans des conditions sanitaires souvent déplorables. Les chiots, séparés de leur « mère-pondeuse » dès l'âge de quatre semaines, se trouvaient dans l'impossibilité de traverser les phases d'imprégnation et de socialisation, si importantes pour leur future vie sociale. L'inévitable se produisit : les cockers rouges, malades tant sur le plan physique que sur le plan psychique, inondèrent le marché (plusieurs cas ont également été observés chez le cocker noir).

Un cocker porteur de cette fatale combinaison de gènes se montre agressif sans prévention aucune. Le plus souvent, c'est un membre de la famille, un enfant, qui se fait agresser en premier. Le renommé Dr Roger Mugford constate une forme de schizophrénie canine et un changement d'humeur dramatique. Aujourd'hui, il craint la même évolution pour le golden retriever, très en vogue. Dans les années 80, l'engouement pour le cocker s'est apaisé. Les quelques cockers spaniels rouges que l'on rencontre actuellement sont principalement vendus par le biais d'animaleries. Même si le marché s'est assaini depuis (2 464 naissances en 1986 par rapport aux 7 354 naissances en 1975), de nombreux éleveurs estiment qu'il est encore prématuré de relancer l'élevage du « rouge », les lignées subsistantes étant encore porteuses de tares héréditaires et sujettes à des problèmes d'agressivité.

L'ACQUISITION D'UN COCKER SPANIEL

AVANT D'ACQUÉRIR UN COCKER SPANIEL : BIEN RÉFLÉCHIR !

Acquérir un chien est une décision importante qui demande réflexion et doit être prise par tous les membres de la famille. Le chien n'est pas une poupée vivante que l'on remise dans un coin dès que l'on ne s'y intéresse plus. Avant de foncer tête baissée dans une telle aventure, il faut être conscient de certains impératifs :

– vous allez être responsable de votre cocker spaniel pendant 12 à 14 ans (un animal dépend de son propriétaire sa vie durant) ;

– il faudra le promener 2 à 3 fois par jour (au minimum 1 heure par sortie), par tous les temps, préparer sa nourriture, être disponible pour les séances de caresses et de jeux, être présent s'il tombe malade ou vieillit, ramasser ses excréments, le brosser, changer le programme des vacances…

– il est prudent de calculer le coût de l'entretien. Ajoutez les frais de vétérinaire, d'assurance, de pension, de toilettage…

Posséder un chien n'est pas une mince affaire ! Pour être bien sûr de vos aptitudes de « futur maître », voici un « test d'acquisition ».

TEST D'ACQUISITION

1– Avoir le respect de l'animal.

2– Être physiquement (motricité, pas d'allergie) et psychiquement (caractère équilibré) capable de vous en occuper.

3– Assurer une présence au foyer, à moins de pouvoir emmener votre cocker spaniel lors de vos déplacements.

4– Être entièrement disponible pour les soins qu'il requiert.

5– Disposer de la base financière nécessaire pour assurer son entretien.

6– Avoir l'accord des autres membres de la famille, de l'éventuel propriétaire de l'appartement ou de la maison et des autres locataires.

7– Trouver un « second », susceptible de pouvoir s'en occuper en votre absence.

8– Être prêt pour de longues promenades quotidiennes, surtout si vous n'avez pas de grand jardin à disposition.

9– Disposer du temps nécessaire pour assurer son éducation, une activité sportive, éventuellement une formation spécifique.

Si vous répondez par l'affirmative à **toutes** ces conditions, vous pouvez passer au prochain chapitre ! Dans le cas contraire, mieux vaut vous dispenser d'avoir un cocker spaniel, pour votre bien... et surtout celui du chien.

LE BON CHOIX ?

Notre choix est souvent orienté exclusivement par des critères de beauté. Ceci est très dangereux. Si vous désirez prendre un chien, ne foncez pas chez le premier éleveur. Ne laissez pas cours à votre enthousiasme ou à celui de vos enfants, réfléchissez, comparez, feuilletez les livres et les revues, visitez des expositions et demandez conseil. Il en va de votre satisfaction et du bonheur du chien.

Si votre choix se porte sur un cocker spaniel, vérifiez que ses caractéristiques correspondent parfaitement à vos conditions de vie et que vous êtes en mesure de satisfaire à toutes ses exigences. Ne provoquez pas d'alliance contre nature ! Le cocker spaniel est d'abord un chien de chasse. De fait, il faudrait essayer de lui offrir cette activité.

Le « non-chasseur » peut participer à des épreuves de field-trial : c'est le meilleur moyen de conserver la vocation et d'assouvrir la passion de son chien. Le cocker est bien trop dynamique pour s'habituer à une vie sédentaire. Il ne doit en aucun cas être confondu avec un chien de salon et ne saurait se contenter d'un appartement, au risque de devenir dépressif, voire irritable. Un jardin lui permet de s'ébattre et de « jardiner » à sa manière (il a une prédilection pour les fleurs fraîchement plantées !). Rustique et sportif, il a besoin de longues promenades quotidiennes agrémentées de baignades dans un étang. Laissez-le se défouler en liberté, sans laisse, à l'exception du printemps, période de couvaison du gibier. La pratique de l'agility est conseillée pour maintenir le tonus de sa musculature et lutter contre l'empâtement.

Le maître idéal du cocker spaniel est une personne sensible qui n'hésite pas à parler longuement à son chien et à lui offrir des caresses sans cesse renouvelées. Doté d'une bonne dose d'humour mais également d'autorité, il sait rire des nombreuses pitreries de son compagnon tout en sachant résister à ses mimiques de « chien battu ». S'il n'est pas chasseur, il est amateur de longues balades en campagne ou en forêt, qu'il vente ou qu'il pleuve.

Malgré les « tendances » spécifiques à la race, les chiens ne sont pas des machines et chaque individu possède sa personnalité propre. Il faut donc se baser sur ses observations, son expérience, sans oublier l'influence personnelle que l'on aura, par la suite, sur son chien. L'environnement dans lequel va évoluer votre cocker spaniel est en effet d'une extrême importance sur le façonnement de son caractère.

Le chien de race

Il existe plus de 350 races canines dans le monde, toutes issues de croisements multiples et entièrement dirigés par l'homme. En cynophilie, la race désigne un groupe d'individus canins, élevés et enregistrés dans un livre d'origines depuis plusieurs générations (trois selon la F.C.I.), en vue d'un but fixe (le standard), déterminant leur apparence (morphologie, couleur), leur caractère de travail. Ces individus sont uniformes relativement à un grand nombre de traits de pureté communs (homozygotie) et les transmettent à leurs descendants avec la plus grande probabilité possible.

En résumé, les chiens de race transmettent de génération en génération les caractéristiques et les aptitudes propres à leur race. On connaît donc bien les habitudes et les exigences du chien, les grands traits de son caractère, ses qualités tout comme ses défauts. Toutefois, il faut savoir qu'il existe une grande variabilité génétique dans une même race de chiens et que tout comportement, tout tempérament, se trouvent à l'état latent dans toute race de chiens.

À l'heure actuelle, deux grands dangers guettent l'élevage : celui de s'orienter davantage, voire uniquement, vers des critères de beauté et, plus grave, le fait de disposer d'un pool génétique de plus en plus faible. La consanguinité et le line-breeding (croisement de géniteurs ayant des ancêtres en commun) aidant, la sélection semble tourner en rond. Résultat : on observe un nombre croissant d'individus de «pure race» instables, très fragiles sur le plan émotionnel et développant certaines pathologies comportementales (peur, agressivité). On constate également une diminution de la fécondité et une baisse de vitalité (phénomène de « dépression due à la consanguinité »). De nombreux chiens de race souffrent de problèmes oculaires, locomoteurs, allergiques, dentaires, auditifs et cardiovasculaires. Le nombre de races touchées est effrayant et les cynotechniciens s'interrogent.

Avant de vous fixer définitivement sur le cocker spaniel, renseignez-vous auprès de votre vétérinaire qui connaît les points faibles de chaque race.

Votre choix est fait : ce sera un cocker spaniel. D'après tous les renseignements que vous avez collectés, vous êtes sûr que cette race vous convient parfaitement.

– Mâle ou femelle ?

La femelle est en chaleur tous les huit mois. Pendant cette période (jusqu'à 20 jours), il faut nettoyer les pertes si elle vit à l'intérieur et veiller à ce qu'elle ne s'échappe pas. L'activité sexuelle du mâle est opérante toute l'année. Si son nez détecte la présence d'une demoiselle susceptible de partager ses élans amoureux, il fera tout pour essayer de la rejoindre. Il marque son territoire en déposant quelques gouttes d'urine sur toutes les bornes importantes de son environnement : le jardin, le parcours des promenades et la maison, qu'il considère comme sienne. Pas facile de gommer un comportement si naturel !

Concernant le tempérament, on dit généralement que les femelles sont plus soumises, plus calmes et plus faciles à éduquer. En fait, l'expérience montre qu'il n'existe pas de grandes différences de personnalité entre les deux sexes. Si les femelles sont souvent plus câlines, elles ne sont pas forcément plus attachées que le sexe opposé. Les mâles semblent avoir un caractère plus affirmé. D'un comportement impétueux, ils aiment déclencher des bagarres avec d'autres mâles. Qu'ils soient de sexe masculin ou féminin, les plus dominants peuvent remettre en cause votre autorité, donc votre position de chef de meute. De fait, ils conviennent davantage à des propriétaires masculins.

Mâle ou femelle, votre cocker ne devrait pas être castré ou stérilisé uniquement pour des raisons de commodité ! Les traitements médicaux destinés à empêcher les chaleurs sont également déconseillés, car ils peuvent entraîner ultérieurement des troubles de santé (ex. : métrite).

– Chiot ou chien adulte ?

Si vous cherchez un compagnon qui puisse vous suivre tout de suite, qui soit propre et éduqué, mieux vaut choisir un cocker spaniel adulte, préalablement entraîné. Si vous êtes une personne âgée, il est logique de chercher un sujet vieillissant et calme. Un jeune chien risque de vous survivre : chanceux, il ira chez des proches, sinon il finira ses jours dans un refuge. Dans tous les cas, si vous prenez un chien adulte, renseignez-vous sur son passé. Il aura déjà ses habitudes, bonnes ou mauvaises, et un changement de propriétaire et de milieu peut le déstabiliser.

En général, on recommande le choix d'un chiot, car le chien s'imprègne mieux du maître et de l'éducation qu'il recevra. Certes, il faut tout lui apprendre et lui consacrer beaucoup de temps. Son développement physique et psychique dépend entièrement de sa famille humaine. L'éducation d'un jeune cocker entraîne un apprentissage réciproque : une expérience inoubliable et très enrichissante !

– Lignées de travail ou lignées de beauté ?

Bien qu'il existe des lignées de travail et de beauté distinctes, le Spaniel Club de France (SCF) s'efforce depuis sa création de conserver le « bon » et le « beau » dans un seul type. Ce choix est tout à fait louable, vu l'orientation actuelle de nombreux chiens de chasse vers la seule utilisation de chiens de beauté ou de compagnie.

Le cocker d'exposition présente généralement des franges longues et soyeuses qui ne pourraient qu'entraver le cocker de chasse fouillant les buissons épineux.

Votre choix devra de préférence se porter sur un chien qui allie les aptitudes de chasse à une conformité au standard. Les éleveurs de cocker affiliés au club imposent à leurs géniteurs non seulement des concours de beauté de haut niveau mais également des épreuves de travail en field-trial. Depuis 1993, le SCF publie le Year Book, un ouvrage qui déborde d'informations aussi pratiques que précieuses : standards des spaniels, coordonnées des élevages, liste des champions de travail, de beauté et de conformité au standard...

OÙ S'ADRESSER ?

N'achetez jamais un chiot lors de votre première visite. Accordez-vous un temps de réflexion avant de vous décider. De même, il est préférable de ne pas vous faire accompagner dans un premier temps par vos enfants. Un regard suppliant de leur part aurait vite fait de vous convaincre. Restez lucide !

1 – La S.P.A. (Société Protectrice des Animaux)

Dans les nombreux refuges de la S.P.A. répartis dans toute la France, vous trouverez certes de nombreux croisés mais aussi des chiens de race, et pourquoi pas un cocker spaniel ? Vous ferez non seulement une bonne action mais permettrez aussi de freiner la surproduction de certaines races canines.

Un chiot pris à 7 semaines ne posera pas plus de problèmes qu'un chiot d'élevage. Il faut toujours se renseigner sur la cause de l'abandon (par exemple portée indésirable), sur ses parents (s'ils sont connus), sur son âge à l'arrivée au chenil et sur sa durée d'internement.

Quand il s'agit d'un cocker spaniel adulte, il est très important de connaître ses antécédents. Certains ont été maltraités et sont devenus très peureux ou agressifs. Ces chiens ne conviennent qu'à des personnes expérimentées. Mais la plupart ont été placés là pour cause de décès, de divorce, de mutation, de déménagement ou par manque d'argent. Un grand nombre de chiens se retrouvent également dans les refuges parce qu'ils ne convenaient absolument pas au mode de vie de leur propriétaire.

Abandon et changement de maître provoquent un traumatisme dont l'intensité dépend de l'âge, du caractère et des expériences de l'animal. Avant de choisir définitivement votre compagnon, demandez la permission de le sortir du chenil et isolez-vous, parlez-lui, encouragez-le à venir vers vous, faites une courte promenade.

Tous les chiens de la S.P.A. sont tatoués, vaccinés et suivis. Pour acquérir un chien de refuge, il faut montrer « patte blanche » : carte d'identité, attestation de domicile, participation aux frais de tatouage et de vaccinations puis signature d'un contrat stipulant que vous allez prendre bien soin de l'animal adopté.

2 – Les éleveurs

Pour choisir un cocker spaniel, on s'adresse habituellement à la Société Centrale Canine (S.C.C.). La Banque d'Informations vous communique les coordonnées du club de race et la liste des portées disponibles dans votre département. La S.C.C. est un organisme officiel qui tient à jour le Livre des Origines Françaises (L.O.F.), sorte d'arbre généalogique de toutes les races. Elle s'occupe également du fichier central de tous les chiens tatoués, de race ou non. La S.C.C. cherche à orienter les acheteurs vers les meilleurs élevages. Malheureusement, elle ne peut pas contrôler tous les élevages et les surprises sont parfois de taille.

Il y a éleveurs et éleveurs ! Comment distinguer l'éleveur sérieux et passionné de l'éleveur-marchand ? Il n'existe pas de recette-miracle mais voici quelques conseils :

– visitez et comparez plusieurs élevages ;

– préférez les petits élevages familiaux et amateurs aux « professionnels », plus grands, qui cherchent à vivre de leur production. Les premiers consacrent plus de temps à leurs chiots et leur permettent souvent l'accès au logis ;

– évitez les élevages qui produisent plus de deux races ;

– vérifiez la propreté des locaux utilisés pour l'élevage. Si l'éleveur refuse de vous faire visiter, repartez !

– les chiens ne doivent pas être tenus en masse, jetez un œil sur l'état de santé de tous les chiens. Si l'éleveur garde de vieilles chiennes qui ne peuvent plus reproduire, c'est très bon signe ;

– si vous vous décidez pour un élevage, rendez visite à la portée pour suivre son évolution. Vérifiez que l'éleveur a pensé à leur donner des jouets et que les chiots ont la possibilité de découvrir le monde extérieur ;

– un éleveur qui s'informe sur votre situation privée, professionnelle, ou sur la manière dont le chiot va vivre chez vous n'est pas d'une curiosité déplacée. Bien au contraire, ces questions prouvent son sérieux : il se sent responsable du chien qu'il va vendre.

Il existe bien sûr des exceptions : des élevages réputés peuvent paraître assez décevants, certains grands élevages avec un personnel formé sont exemplaires, des élevages débutants, en faisant la course aux champions, accumulent les erreurs et oublient que l'élevage est le résultat d'une longue expérience.

Les éleveurs sérieux suivent les conseils et les normes d'élevage du Spaniel Club de France. Ils ne doivent utiliser que des reproducteurs indemnes de tares héréditaires et les soumettre à des examens annuels des yeux pour certifier l'absence de tares oculaires (T.O.). Le dépistage de la dysplasie des hanches est également fortement conseillé.

Le Spaniel Club de France a établi une grille de sélection qui permet la cotation des reproducteurs jusqu'à 6 points. Les éleveurs adhérant au club reproduisent avec des lices et des étalons cotés **au minimum** à 2 points : géniteurs confirmés et ayant obtenu le T.A.N. (Test d'Aptitudes Naturelles). Souvent, ils font accéder leurs futurs reproducteurs au titre de trialer (qualificatif « très bon » en field-trial) pour obtenir la cote 3.

3 – Les petites annonces

Les petites annonces renvoient à des éleveurs qui n'arrivent pas à placer leurs chiens directement, à des éleveurs-marchands, à des animaleries ou à des privés qui cherchent à se défaire d'une portée non souhaitée ou exceptionnelle, parfois d'un animal déjà adulte pour des raisons pratiques. Les privés sont à prendre en compte, quant aux éleveurs, certaines annonces sont tout à fait honnêtes, d'autres moins. À vous de juger sur place !

LES PAPIERS DE VOTRE COCKER SPANIEL

Un chien ou un chiot est vendu avec :

1 – une **attestation de vente** ou un certificat de donation : ces documents précisent la date et le lieu de vente de l'animal, son identité, son prix de vente, les adresses du vendeur et de l'acheteur et doivent être signés par les deux parties.

Votre cocker spaniel peut être porteur de vices rédhibitoires, c'est-à-dire de défauts cachés, antérieurs à la vente. Il s'agit de certaines maladies virales (maladie de Carré, hépatite contagieuse, parvovirose) et de certaines malformations héréditaires (ectopie testiculaire pour les sujets âgés de plus de six mois, dysplasie de la hanche, atrophie rétinienne). Mais attention, le délai pour le diagnostic de suspicion est très court, entre cinq et huit jours selon la maladie. D'où l'impérative nécessité de prendre rendez-vous auprès de votre vétérinaire le lendemain de l'achat de votre cocker. Le délai de recours est de 30 jours à partir de la date de livraison, pendant lesquels vous devez prouver la gravité ou l'antériorité de la maladie. Le vendeur est alors obligé d'annuler la vente et de rembourser la somme versée pour l'achat du chien ou de payer les frais de vétérinaire.

2 – une **carte d'immatriculation** au fichier central de la Société Centrale Canine (S.C.C.), dont le numéro d'immatriculation correspond à celui tatoué dans l'oreille ou sur la face interne de la cuisse de votre cocker spaniel. Cette opération est effectuée par un tatoueur homologué ou un vétérinaire. La puce électronique injectée sous la peau du cou est un autre procédé d'identification infaillible qui devrait se généraliser dans un proche avenir.

3 – un **certificat de naissance**, document officiel par lequel le chiot est reconnu comme inscrit provisoirement au Livre des Origines Françaises (L.O.F.). La généalogie de votre cocker spaniel y est inscrite. Si le vendeur ne possède pas encore le certificat de naissance, l'acquéreur doit exiger de lui qu'il consigne sur l'attestation de vente le numéro de dossier en cours de traitement à la S.C.C.

En France, le nom de tous les chiens de race nés et déclarés la même année à la S.C.C. commence par la même initiale. À chaque année correspond une lettre de l'alphabet. Ce procédé simple permet de connaître rapidement l'âge du chien.

Pour obtenir le **pedigree**, il faut présenter votre cocker spaniel, dès l'âge de 12 mois, à un examen de confirmation. Cet examen a pour but d'éliminer les sujets ne correspondant pas au standard de la race ou atteints de tares héréditaires. À ce propos, il faut espérer que des certificats d'absence de dysplasie de la hanche et de tares oculaires (cataracte et atrophie rétinienne progressive) soient dans un proche avenir obligatoires. Le pedigree émane obligatoirement d'un organisme affilié à la Fédération Canine Internationale, représentée en

France par la Société Centrale Canine. Ce document comporte le nom du chien et l'affixe de l'éleveur, la race, le numéro de tatouage, la couleur de la robe, l'arbre généalogique sur quatre générations, ainsi que des mentions supplémentaires sur les ascendants (ex. : cotations, titres obtenus lors d'expositions, niveaux de travail, mentions des couleurs en abrégé).

Les éleveurs remettent souvent une **fiche de conseils d'élevage** (nourriture, vermifugation, vaccins et rappels, entretien…).

4 – le **carnet de vaccination** est facultatif mais il est fortement déconseillé d'acheter un cocker spaniel non vacciné. La plupart des éleveurs le remettent si le chiot a reçu ses premières vaccinations. Les dates des rappels y sont notées. Le certificat de vaccination doit être à jour si vous prenez un chien adulte. Pour passer les frontières, vous devez posséder un certificat de vaccination antirabique à jour.

LE DROIT DU CHIEN

Le chien ne peut vivre qu'au sein d'un groupe, de chiens ou d'humains. Il a besoin de les voir, de les toucher et de communiquer avec eux. Il ne supporte pas la solitude.

Le chien est protégé par la loi : il est strictement interdit de le maltraiter, de ne pas lui donner à manger ou à boire, de ne pas lui prodiguer les soins nécessaires, de ne pas lui fournir un abri, de l'abandonner sauvagement. Tout acte de ce genre est condamné par la loi et passible d'une amende pouvant aller de 500 à 15 000 francs et/ou jusqu'à une peine de prison de 6 mois.

LE CHIOT COCKER SPANIEL

À QUEL ÂGE LE PRENDRE ?

Les éleveurs sérieux préfèrent donner le chiot entre 10 et 12 semaines pour avoir le temps de socialiser le jeune animal et de procéder aux vermifugations et aux premières vaccinations. Entre 4 et 12 semaines, le chiot traverse les périodes d'imprégnation puis de socialisation, périodes cruciales durant lesquelles il fait l'acquisition d'un grand nombre de comportements nécessaires à sa vie sociale. Évitez de transplanter le chiot dans sa huitième semaine, période qui correspond à une hypersensibilité aux stimuli physiques et psychologiques.

ATTENTION : assurez-vous que l'éleveur se charge de socialiser le chiot en lui offrant un maximum de stimuli externes : tripotages par différentes personnes (hommes, femmes, enfants), confrontations avec des bruits d'intensité et de fréquence diverses, expériences contrariantes, prises de contact avec d'autres animaux domestiques (chat, cheval, lapin...). Si ces conditions sont effectivement remplies, il est conseillé de laisser le chiot dans sa famille d'élevage jusqu'à l'âge de 3 mois. En revanche, si le milieu dans lequel il vit est pauvre en stimuli (environnement monotone, isolation), il est impératif de le prendre au plus tôt avec vous pour éviter l'apparition de phobies, d'états anxieux ou dépressifs.

LE CHOIX DU CHIOT

Vous vous trouvez devant une portée de cockers, les uns plus mignons que les autres. Lequel choisir ?

On ne sélectionne pas un chiot « au petit bonheur la chance ». Tous les chiots d'une portée ne sont pas identiques ni sur le plan physique, ni sur le plan psychique. Un choix sérieux et réfléchi s'impose. Cette opération capitale vous permet de reconnaître en priorité un individu sain. La seconde étape correspond à la découverte de la personnalité du chiot afin d'optimiser son intégration dans votre famille.

La présence de la mère est importante. Sa constitution et son tempérament peuvent donner des indications précieuses. D'autre part, ne vous laissez pas influencer par les résultats d'expositions vantés par les éleveurs : des parents champions ne donnent pas forcément des chiots champions. Le plus important dans l'affaire, ce ne sont pas les coupes des ascendants mais le caractère de votre futur cocker spaniel ! Vérifiez néanmoins la cotation des parents (au minimum 2), consultez leurs carnets de travail respectifs et assurez-vous que le chiot est issu de lignées suffisamment éloignées en consultant leurs pedigrees.

Petit test de santé et de bonne constitution

Le chiot doit avoir :

– une bonne coaptation des mâchoires (dentition complète et en ciseaux) et des gencives roses ;

– des yeux vifs et brillants, sans cataracte, propres et non larmoyants ;

– une bonne vue (faites-lui suivre des yeux un jouet ou votre main) ;

– une haleine fraîche et non fétide ;

– une respiration normale, pas d'asthme ou de toux ;

– des oreilles propres et non purulentes ;

– une bonne audition (appelez-le ou frappez dans les mains) ;

– une truffe humide et froide ;

– le poil brillant, dépourvu de parasites ;

– la région périanale propre, sans traces de diarrhée ;

— une bonne locomotion (faites-le marcher) ;
— des excréments ni trop mous ni trop durs ;
— un ventre dodu mais ni dur ni ballonné, ne présentant pas de boule au milieu (pas de hernie ombilicale) ;
— les deux testicules (pour un mâle) ;
— une température (mesurée dans l'anus), de 38,2 à 38,6 °C. Jamais au-dessus de 39,5 °C.

Le cocker spaniel présente une grande variété de couleurs. On distingue les unicolores (ex. : noir, rouge, marron, noir et feu...) des pluricolores (ex. : blanc et orange, tricolore, bleu...). Généralement, on observe que les cockers rouges et les cockers noirs sont d'un caractère plus affirmé et plus indépendant. Pour une question de sécurité, les premiers sont déconseillés pour la chasse, leur robe fauve pouvant facilement prêter à confusion avec celle d'un renard. D'ailleurs, ils ne se rencontrent plus beaucoup, suite aux importants problèmes d'agressivité engendrés par une surproduction dans les années 70 (voir encart p. 15).

Le cocker spaniel est une race présentant un risque d'affections oculaires héréditaires : vous êtes en droit de consulter les résultats officiels des examens de cataracte et d'atrophie rétinienne pour les yeux des parents et des grands-parents (voir chapitre santé p. 81).

Petit test de caractère

Dans une portée de cockers, on note très tôt des différences de caractère : l'un s'avère plus timide, l'autre, plus énergique, défie toutes les situations nouvelles. Abandonnés à eux seuls dans un environnement étranger, l'indépendant va flairer de gauche et de droite, l'inhibé reste en place sans bouger, le soumis recherche une présence rassurante et protectrice chez ses frères et sœurs... Il existe de nombreux tests qui déterminent les tendances de caractère de chaque chiot mais le comportement peut se modifier plus tard selon l'éducation et le mode de vie qu'il recevra. Le futur maître évitera le chiot dominant-agressif (d'autant plus que le caractère agressif est un point de non-confirmation chez le cocker spaniel !), le chiot trop soumis ou à l'inverse trop indépendant. Un chien équilibré-soumis, à la fois actif et réfléchi, correspond au chien de compagnie et de chasse idéal. Le chiot dominant, volontaire, nécessite une conduite ferme et un maître expérimenté.

L'intérêt des tests est de détecter un chiot possédant un bon biotonus : un cocker spaniel dégourdi, curieux et qui se sent à l'aise en toutes circonstances.

Remarque : si vous observez un chiot, mâle ou femelle, qui « monte » un congénère en lui donnant des poussées du bassin, il ne s'agit nullement d'un comportement « pervers » mais d'une expression de dominance.

Pour déterminer l'**ordre hiérarchique** dans un groupe de chiots cocker spaniel, il suffit de rendre visite plusieurs fois à la portée et de les observer attentivement au moment des repas et des jeux.

Test du chiffon : en jetant dans la mêlée un chiffon préalablement attaché à une ficelle, on observe quel chiot se jette le plus rapidement dessus. Si le chiot tire, grogne mais refuse de lâcher prise, il peut s'avérer d'un caractère dominant. Un chien équilibré tire mais abandonne au bout d'un moment et accepte que vous repreniez le chiffon. Un sujet peureux ou indifférent est à déconseiller.

Approche de la portée :
1 – Le chiot court vers vous, sautille, cherche à vous mordiller les chaussures ou les mains. Ce chiot présente un risque de dominance et convient à un propriétaire strict, habituellement masculin.

2 – Le chiot se montre un peu méfiant, mais sa curiosité l'emporte rapidement et il vient vers vous en remuant la queue. Il peut même vous répondre par une posture d'appel au jeu si vous vous accroupissez et l'encouragez à venir. Ce comportement indique un chiot équilibré, vibrant de vie et sociable : le parfait chien de compagnie et compagnon de chasse.

3 – Le chiot se montre craintif en votre présence. Au fur et à mesure que vous vous approchez de lui, il s'éloigne. Ce chiot anxieux nécessitera une longue mise en confiance.

4 – Le chiot ne réagit pas ou peu, ne montre aucun intérêt. Il présente un risque de dépression.

Test de dominance par contrainte : accroupissez-vous près du chiot, couchez-le puis retournez-le doucement sur le dos, en position de soumission. Maintenez-le ainsi, une main posée sur la poitrine, pendant 30 secondes.

1 – Le chiot se débat férocement, queue battante et cherche à mordre. Attention au risque de dominance. L'éducation devra se dérouler avec beaucoup de fermeté.

2 – Le chiot se débat beaucoup mais ne mord pas et accepte la position. D'un tempérament équilibré, il saura vite s'adapter à de nouvelles situations.

3 – Le chiot se tortille, mord, piaille et hurle de panique. Il peut même uriner et déféquer de peur. Un tel chien aura des réactions imprévisibles et peut mordre par peur.

4 – Le chiot se laisse faire, ne se débat pas et lèche les mains. Ce chien soumis, sans tonus, convient davantage à une personne âgée et sensible.

Test du bruit : hors de sa vue, produisez des bruits forts ou aigus (claquement des mains, coup de sifflet), qui lui sont étrangers. Réponse : le chiot ne doit pas sursauter à chaque bruit et ne pas fuir, mais après une réaction de méfiance, montrer de l'intérêt.

Avertissement : ces tests ne sont pas une garantie et ne donnent qu'une indication sur le tempérament momentané du chiot. Un chiot bien socialisé d'après les tests peut se révéler à l'avenir peureux ou agressif, de même un chiot timide au départ peut retrouver toute son assurance. Tout dépend de l'environnement et de l'éducation que vous allez lui offrir.

AVANT LA VENUE DU CHIOT

– Quelques jours avant de prendre le chiot, déposez chez l'éleveur une couverture afin qu'elle s'imprègne de l'odeur familiale du chenil.

– Prenez votre cocker spaniel avant des vacances prolongées. Ainsi, vous pourrez vous en occuper pleinement et la mise en confiance s'établira rapidement. Les premiers jours avec un chiot sont d'une extrême importance et il faut lui consacrer beaucoup de temps et d'attention.

– Préparez un minimum de matériel (collier en cuir, laisse en cuir à longueur réglable, gamelle en inox ou en céramique, jouets, corbeille en plastique ou matelas, brosses) avant d'aller le chercher.

– Évitez les jouets en caoutchouc souple que le chiot peut mordiller, déchirer ou avaler. Des serpillières ou des chiffons agrémentés de nœuds, des balles de tennis, des anneaux en caoutchouc épais ou encore de grosses cordes tressées conviennent davantage.

– Écartez tous les dangers ménagers avant la venue du chiot dans votre demeure (fils électriques, insecticides, raticides, plantes toxiques, produits nettoyants, médicaments; sacs plastiques, objets pointus ou en mousse...) et veillez à obstruer les zones dangereuses (balcons, cages d'escalier, piscine...).

– Faites graver sur une médaille le nom du chien et votre numéro de téléphone. Les petits cylindres métalliques qui contiennent un feuillet de renseignements sont à déconseiller car ils ont tendance à se dévisser.

– Demandez au vendeur le type de nourriture ainsi que les horaires de repas. Il est important de respecter ces points dans les premiers temps.

LE TRANSPORT DU CHIOT

Organisez la sortie de préférence le matin. Ne partez pas seul, mais accompagné d'un chauffeur. Le transport peut être une expérience traumatisante pour le chiot. Pour l'éviter, prenez-le à l'arrière de la voiture et installez-le sur vos genoux ou à côté de vous sur la couverture que vous aviez, quelques jours auparavant, remise à l'éleveur. Prenez la précaution de mettre à votre petit cocker un collier et une laisse (sous l'effet de la peur, il peut tenter de s'enfuir avec une étonnante rapidité). Surtout ne le caressez pas sans raison, mais parlez-lui doucement. S'il veut fouiner, laissez-le faire. Munissez-vous d'un rouleau d'essuie-tout, de vieilles serviettes, d'un bol et d'une bouteille d'eau fraîche. S'il fait ses besoins ou vomit, ne le grondez pas. En cas de longs trajets ou de malaises, organisez de fréquentes pauses. Si vous êtes accompagné d'enfants, demandez-leur de se comporter calmement.

L'ARRIVÉE À LA MAISON

Évitez à tout prix les cris, les exclamations, les « malaxages » de caresses et les passages de main en main ! Freinez votre enthousiasme, restez calme et agissez en douceur. Les enfants, surtout, ont tendance à « étouffer » le nouveau-venu. N'oubliez pas que le chiot vient d'être catapulté dans un environnement inconnu ! Un tel changement pourrait le perturber profondément. Élevé dans une atmosphère bruyante et agitée, il risque de devenir un adulte peureux. Votre rôle à présent est d'intégrer le chiot dans son nouvel environnement progressivement et en douceur.

De plus, ce n'est pas sur le tapis qu'il faut l'amener en premier, mais à l'endroit prévu pour ses besoins (ex. : un endroit précis du jardin). S'il se soulage, félicitez-le. Montrez-lui sa corbeille. Confortable

et douillette, elle devrait se trouver dans l'angle d'une pièce, ni sur-chauffée, ni froide et à l'abri des courants d'air. Pour qu'il se sente plus en sécurité, vous pouvez la transformer provisoirement en ta-nière (avec un simple toit en carton) et y ajouter la couverture qui porte son odeur. Mettez de l'eau et de la nourriture à sa disposition. Faites-lui découvrir son nouvel univers par étapes, donnez-lui des jouets (pas de vieux chaussons si vous tenez aux vôtres !). Si vous avez d'autres animaux (chien, chat, cobaye, cheval...), il est impor-tant de faire les présentations rapidement (surtout si le chiot n'a pas encore 3 mois). Elles doivent s'effectuer avec prudence, en terrain neutre, car les « anciens » risquent de ne pas trop apprécier ce nou-veau-venu. N'augmentez pas la jalousie d'un premier chien en le dé-laissant au profit du nouvel arrivant, au contraire, montrez-lui toute votre affection et maintenez ses privilèges. Surveillez attentivement leurs rapports pendant les premières semaines. **Les enfants doi-vent impérativement respecter le repos du chien. Expliquez-leur que le chiot n'est pas un jouet et qu'il est absolument in-terdit de le sortir de sa corbeille «juste» pour le câliner.**

LA PREMIÈRE NUIT

Vous pouvez agir de manière conséquente avec votre jeune cocker et le forcer dès la première nuit à rester seul dans sa corbeille dans une pièce telle que la cuisine. La première nuit est alors souvent pé-nible. Le contact de ses frères et sœurs manque au chiot, il va donc se lamenter et pleurer une bonne partie de la nuit. Une bouillotte d'eau chaude (pas brûlante !) sous la couverture qui porte son odeur peut le réconforter. Surtout, n'allez pas le chercher, ignorez ses gémisse-ments et restez impassible. Au cours de cet apprentissage, le chien, même « pour une fois », n'a pas sa place dans votre chambre ou pire, dans votre lit. Si vous tenez bon, l'adaptation devrait se faire en trois ou quatre jours.

Une seconde méthode prend en compte le comportement social de votre cocker. Les humains avec lesquels il vit forment sa nouvelle meute. Le chiot d'autre part a un grand besoin de contact. Lui inter-dire de se rapprocher des nouveaux membres de son groupe est un acte qu'il ne comprend pas et qu'il ressentira comme un bannisse-ment. Vous pouvez donc l'autoriser à dormir dans votre chambre, en plaçant sa corbeille près de votre lit, à portée de main. De cette ma-nière, vous remarquerez aisément s'il a besoin de sortir pour se sou-lager durant la nuit. Surtout ne l'installez pas dans votre lit ! Au fil des jours, déplacez son panier vers l'extérieur de la chambre, en maintenant la porte ouverte, puis dans le couloir. Dans les premiers temps, il risque de revenir se coucher près de vous mais si sa couche est plus confortable, il devrait s'installer à nouveau dans sa corbeille. Cette méthode est plus longue et surtout moins fiable quant aux ré-sultats escomptés, mais certainement la moins traumatisante pour le chiot.

LES PREMIERS REPAS

Tout changement brutal de l'alimentation provoque des désordres physiologiques. Renseignez-vous auprès de l'éleveur sur les horaires et la consistance de ses quatre repas quotidiens. Conservez le même

type d'alimentation. Si vous désirez en changer, faites-le de manière progressive. Veillez à ce que votre cocker spaniel ait toujours à disposition un bol rempli d'eau fraîche (voir chapitre alimentation p. 61).

Dès le début, adoptez une bonne discipline :
— le chien mange **après** vous et ne doit **strictement** rien recevoir de la table, sinon vous l'accoutumez à la mendicité ;
— ne l'habituez pas à « grignoter » entre ses repas. Une friandise (pas de sucrerie !) doit être une récompense dûment méritée ;
— répartissez les 4 repas à horaires fixes et à intervalles réguliers ;
— ne le nourrissez pas à l'excès ! L'intention est certes bonne, mais vous allez au devant de complications digestives, cardiaques, osseuses, locomotrices et comportementales ;
— servez le repas à température ambiante et laissez-le manger dans le calme ;
— retirez la gamelle si le chiot boude son repas.

LA PREMIÈRE VISITE CHEZ LE VÉTÉRINAIRE

Dès le lendemain de l'achat, faites ausculter votre cocker spaniel par un vétérinaire et demandez-lui un bilan de santé complet (voir vices rédhibitoires p. 23) et l'application des vaccinations et vermifugations nécessaires. Le praticien peut vous apporter de précieux conseils sur l'alimentation, l'entretien ou certains points particuliers à la race. Faites de cette consultation une expérience positive pour le chien. Au moment de la piqûre ou de l'auscultation, montrez-lui son jouet préféré ou donnez-lui une friandise.

CONSEILS ET AVERTISSEMENTS

— Ne baignez pas votre chiot avant l'âge de quatre mois.
— Ne le promenez jamais jusqu'à épuisement.
— Pas d'entraînement intensif avant l'âge d'1 an.
— Ménagez les articulations de votre jeune cocker spaniel. Portez-le pour descendre les escaliers, sinon il risque d'avoir des épaules «flottantes». Il garderait cette malformation et les douleurs qui l'accompagnent, toute sa vie durant.
— Ne soulevez jamais votre chiot par les pattes avant. Pour le porter, glissez une main sous l'arrière-train et de l'autre, soutenez son thorax (en intercalant vos doigts entre ses pattes avant chez le tout jeune chiot).
— Interdisez à vos enfants de porter le jeune cocker en votre absence.

COMPRENDRE SON COCKER SPANIEL

LA PÉRIODE DE SOCIALISATION

Pour comprendre son chien, il faut savoir qu'il traverse différentes périodes de développement psychique durant les premiers mois de sa vie. Après la **période néonatale** (1ère et 2ème semaine) et la **période transitoire** (3ème semaine), débute la **période d'imprégnation** (de la 4ème à la 7ème semaine). Cette période est particulièrement cruciale dans l'évolution comportementale du chiot. Il commence à utiliser son potentiel inné et ses instincts. Toutes les expériences que fait le chiot marquent sa mémoire de manière importante, voire indélébile. Sa vie durant, il se souviendra de ce qu'il a appris au cours de cette phase. Ce qu'il a omis d'apprendre, il ne pourra l'acquérir qu'avec difficulté par la suite.

Dans un premier temps, le chiot apprend à s'identifier à son espèce. Le contact avec ses congénères, surtout avec sa mère, lui apprend à quoi ressemble un chien. Tous les sens sont utilisés pour explorer son environnement. Il découvre les humains et d'autres animaux par une approche active et non agressive. Plus on offre au chiot de stimuli olfactifs, acoustiques, visuels et tactiles variés, plus on le confronte à des situations nouvelles, meilleure sera sa capacité d'adaptation à des milieux différents. Cette période critique lui permet de se constituer une véritable «banque de données».

Le chiot atteint un maximum de perméabilité pendant la 8ème semaine ; elle annonce la **période de socialisation** qui se poursuit jusqu'à la 12ème semaine. Le chiot apprend à présent son rang social, ce qui lui permet de se situer dans la hiérarchie du groupe. Il fait l'acquisition de tous les comportements nécessaires à la vie en meute : les règles hiérarchiques à ne pas enfreindre (l'inhibition sociale) et les différents systèmes de communication. Les rapports hiérarchiques s'établissent surtout autour des repas (qui, pour cette raison, doivent être servis dans une écuelle **commune**) et pendant les jeux. La mémorisation et la reconnaissance d'événements désagréables et douloureux se développent. Le comportement d'évitement atteint son apogée vers la 12ème semaine. Comme le chiot s'intéresse moins à son entourage, il faut veiller à renforcer les liens de socialisation avec les humains, d'autres chiens et les animaux domestiques. C'est également à cette époque qu'il s'intègre dans la « meute humaine ». Il assimile et retient les premiers interdits, son apprentissage à base de nombreuses expériences débute.

Durant la **période de hiérarchisation** (de 3 à 4 mois) et la **période juvénile** (de 5 à 6 mois), les comportements hiérarchiques dans le milieu social et familial sont déjà bien définis mais doivent encore se renforcer.

Avec la **période de puberté** (à partir de 6 mois) commencent les « crises d'adolescence ». Âgé de 6 à 10 mois, le jeune cocker cherche à

obtenir un rang social plus élevé et peut remettre votre autorité de chef de meute en question. Évidemment, il faut conserver votre rôle d'adulte meneur, mais vous pouvez lui confier un rôle « d'aide » empreint d'une certaine responsabilité. Il développera par exemple son instinct de protection vis-à-vis des enfants.

LES TROUBLES PATHOLOGIQUES

Les erreurs commises ou les perturbations survenues pendant ces différentes phases de développement, mais surtout au cours de la période de socialisation, peuvent provoquer des troubles de comportement chez le chiot. S'ils ne sont pas reconnus et corrigés à temps, ils resteront gravés chez le chien adulte. Ainsi, on observe une anxiété de privation (ou syndrome de privation dans le cas d'une anxiété permanente) suite à des carences sensorielles (chiens élevés en animalerie ou en chenil), une dépression de détachement suite à des carences affectives quand les premiers contacts avec la mère ont été perturbés, ou encore (et ce sont les plus courants) des défauts de socialisation : chiot mal socialisé, agressif ou non, n'ayant pas acquis les systèmes d'inhibition sociale.

Le cas du chiot bien socialisé mais agressif est le plus fréquent. Transplanté à 8 semaines, il a bien appris les règles sociales initiales mais son entourage accepte qu'il les transgresse. Il a donc toutes les chances de devenir un hyper-agressif. **On a observé que les plus grandes entraves à la bonne socialisation du chien sont la tendance de sa famille d'accueil à l'infantiliser et le désir de vivre avec lui sans le contraindre !**

MIMIQUES FACIALES ET POSTURES DU CORPS
CHEZ LE CHIEN BIEN SOCIALISÉ

Un chien élevé parmi d'autres chiens apprend différents langages (auditif, olfactif et visuel) pour communiquer avec ses congénères. Le langage corporel, très démonstratif et donc facile à observer, nous apprend beaucoup sur l'humeur et la position sociale d'un chien. Ainsi, tout le monde reconnaît le message d'une queue remuante ou, au contraire, rentrée entre les jambes... Pour cette raison, il ne faudrait jamais couper la queue ni les oreilles d'un chien, puisque ces parties du corps sont très importantes pour la communication avec d'autres congénères.

Les comportements de soumission ou de dominance régissent une grande partie des rapports sociaux. Si deux chiens se rencontrent, ils se flairent mutuellement, d'abord la truffe puis différentes parties du corps (région ano-génitale). En agissant ainsi, ils déclinent, en quelque sorte, leur identité. Quand il y a doute sur le rang hiérarchique, un conflit ritualisé peut se déclencher. Si la menace ne suffit pas (ce qui est rare), le dominant amorce une attaque. Il ne s'agit absolument pas de s'entre-tuer mais au contraire de saisir le cou de l'adversaire pour le forcer à adopter une posture de soumission. Dès que l'un des chiens adopte cette attitude, le conflit stoppe et se termine par un rituel d'apaisement. Quand les chiens n'ont pas la possibilité de s'exprimer ainsi, soit que l'un des protagonistes ignore le langage adéquat parce qu'il n'a pas été correctement socialisé, soit qu'il en est empêché physiquement, retenu par exemple par une laisse, des accidents peuvent se produire. Il faut donc toujours permettre aux chiens de communiquer librement et éviter surtout de les tenir en laisse de peur qu'ils ne se battent. Un chien en laisse se sent protégé par son maître et développe une agressivité anormale.

L'INTELLIGENCE DU CHIEN

L'intelligence du chien est une notion controversée car elle est difficilement mesurable. Les éthologistes la conçoivent comme la capacité d'adaptabilité du chien, c'est-à-dire sa faculté de comprendre, d'emmagasiner des connaissances pratiques et de tirer parti de ses expériences pour résoudre rapidement et correctement de nouveaux problèmes. L'intelligence du chien résulte donc essentiellement d'une mémoire associative. Il utilise les capacités de sa mémoire pour trouver les solutions à une situation nouvelle. Cette faculté détermine son degré d'intelligence. Chez un chien sauvage comme le dingo, elle détermine avant tout sa capacité de survie.

Par l'éducation et la stimulation, le propriétaire peut développer les aptitudes d'apprentissage de son compagnon. En dressage, il utilise ses facultés d'association de signaux à des mouvements particuliers et récompensés. Mais il ne s'agit pas d'en faire un chien de cirque qui accomplit son numéro « mécaniquement ». Le chien apprend uniquement par expérience. Il faut donc lui proposer tout au long de sa vie des situations nouvelles afin d' « enrichir » sa mémoire.

L'intelligence est variable selon les individus et malgré les prétendus Q.I. canins, les éthologistes ne parviennent pas à trouver une méthode de quantification satisfaisante. Les chiens les plus intelligents ne sont d'ailleurs pas toujours les plus dociles, mais bien souvent les plus indépendants ou les plus turbulents. À l'intérieur de chaque race, il y a les doués et les moins performants.

Toujours est-il que l'intelligence du chien est beaucoup plus réduite que nous voulons bien le croire. Le terme intelligence ne recouvre pas les mêmes notions que pour l'humain. Être intelligent pour un chien c'est comprendre, mais ce n'est pas créer. Il ne sait raisonner ou associer des idées abstraites comme nous les concevons et, même s'il donne parfois l'impression de réfléchir ou de se comporter d'une manière humaine, il faut éviter de verser dans l'anthropomorphisme.

L'ÉDUCATION DU COCKER SPANIEL

LE PRINCIPE DE L'ÉDUCATION

1 – Pourquoi éduquer son cocker spaniel ?

Pour des raisons purement pratiques, un chien « bien élevé » simplifie la vie quotidienne. Il risque moins d'agresser ses congénères ou de finir écrasé sous une voiture. Au contraire, bien socialisé et bien éduqué, il peut vous accompagner partout, en ville comme en voyage. L'éducation est une phase importante qui permet au chien comme à l'homme de mieux connaître son partenaire et d'établir une confiance mutuelle. Un chien correctement éduqué est mieux équilibré et paradoxalement, gagne en liberté, quand le cordon ombilical n'est plus la laisse mais une étroite complicité.

Le cocker spaniel est très réceptif et disposé à apprendre, même s'il n'est pas de nature soumise. Si on ne lui apprend pas à obéir et à se soumettre dès son plus jeune âge, il deviendra indiscipliné et fera la forte tête. Les cockers rouges et les cockers noirs peuvent poser quelques problèmes de dominance. Le maître d'un cocker doit toujours conserver son rôle de chef de meute et n'accepter aucune remise en cause de son autorité.

Il faut être conscient qu'un chien n'est pas fait comme vous, ni génétiquement, ni dans sa logique caractérielle. C'est à vous d'imaginer que vous êtes chien et d'agir en conséquence. PENSEZ CHIEN !

2 – La hiérarchie sociale

Le cocker doit considérer sa famille comme une famille-meute, avec, à la tête de celle-ci, son maître qui joue le rôle de dominant, de chef de meute. Celui-ci doit posséder les qualités d'équilibre, de calme, de patience, de fermeté et d'équité. Sa fonction est de maintenir la cohésion du groupe dans lequel le chien va évoluer et de lui apprendre très tôt les interdits, notamment au niveau de la nourriture et de l'espace. Le chien a besoin de savoir quel est son statut, son rôle, et de reconnaître « la supériorité » de son meneur. Il lui faut une hiérarchie à laquelle il puisse se référer pour se situer dans le groupe. Ce faisant, une fois que l'animal connaît les limites à ne pas franchir, sa position au sein de la hiérarchie lui offre une certaine sécurité.

Votre cocker spaniel doit suivre ces quelques repères ou codes de vie :

– la chambre du maître doit rester inaccessible (exception faite des premières nuits à l'arrivée du chiot), interdiction formelle de monter sur le lit ;

– il ne doit pas occuper les endroits surélevés (fauteuils…) ;

– il n'accède à son repas qu'une fois le vôtre terminé. Pendant qu'il mange, ajoutez-lui quelques morceaux en les mettant directement dans sa gamelle.

En aucun cas le cocker ne doit se rebeller ou grogner contre qui que ce soit dans son entourage. Si cela devait se produire, il faut immédiatement le punir et l'isoler durant une dizaine de minutes. Si vous tolérez ses grognements ou, pire, les morsures, vous allez au devant de gros ennuis.

Si la structure hiérarchique est absente, si le maître est incapable d'imposer son autorité, le chien (surtout s'il s'agit d'un mâle) essayera tout naturellement de prendre la place de ce chef de meute défaillant. Ce sont souvent des chiens « infantilisés » et trop gâtés qui cherchent à imposer leur volonté. Cette situation n'offre pas de cohabitation saine et devrait à tout prix être évitée.

L'ÉDUCATION N'EST PAS UNE DICTATURE !

Le chef de meute doit faire preuve d'autorité, mais d'une autorité juste. Nombreux sont ceux qui commettent l'erreur d'en abuser, ou même d'utiliser la brutalité pour parvenir à leurs fins. Il ne s'agit absolument pas d'obtenir une obéissance servile de votre cocker spaniel.

Obéir ne veut pas dire subir ! La dominance, avant d'être une question de force physique, est une affaire de supériorité hiérarchique. Éduquer son chien, c'est avant tout désirer communiquer avec lui et avoir la certitude de pouvoir se faire obéir sans la moindre brutalité.

3 – La communication homme-chien

L'homme établit son rapport avec le chien par le biais de la communication visuelle, tactile et auditive. Chacun possède son langage propre et il s'agit de s'adapter à l'autre.

Il est impératif de PARLER à votre cocker spaniel ! L'intonation de la voix est bien plus significative que le contenu de vos discours. Tous les éléments non verbaux, comme vos mimiques faciales, vos postures et les mouvements de votre corps, le diamètre de vos pupilles et même les vêtements et les accessoires qui vous accompagnent, sont tout aussi importants. Le chien est également très sensible aux messages chimiques (phéromones) que vous dégagez.

Les ordres verbaux doivent être considérés comme des signaux sonores. L'ordre se compose d'un son, mais aussi d'un geste qui le renforce en suggérant le mouvement à accomplir par l'animal. Ainsi, par la suite, votre compagnon peut être commandé à distance. Le chien doit associer l'ordre et la réponse qu'il va effectuer avec une récompense. Les ordres, tout comme le nom du chien, qui n'est rien d'autre qu'un signal de contact, doivent être courts, si possible monosyllabiques. Choisissez les voyelles de façon à ce que les ordres ne prêtent pas à confusion : « assis », « couché », « debout », « au pied ». Une fois établis, les ordres ne doivent plus subir de changement et rester les mêmes pour toute la famille. Il n'est pas nécessaire qu'ils correspondent obligatoirement à ceux habituellement en vigueur : rien ne vous empêche de l'éduquer en breton ou en alsacien !

Évitez absolument les contrordres ! L'éducation de votre cocker doit être cohérente. Toute la famille doit se mettre d'accord sur les interdits et les permissions du chien et les respecter scrupuleusement. Si l'un permet à l'animal ce que l'autre lui refuse, il peut très mal réagir à ce brouillard d'informations. Reconnaissant rapidement la défaillance de votre structure hiérarchique, il essayera de prendre le rôle de chef par le biais de morsures.

4 – Récompense, distraction, punition

Quand votre cocker fait une « bêtise », disons un acte que vous considérez comme tel, il vaut mieux ne pas le punir mais le distraire de son occupation. Par contre, s'il se comporte comme vous l'espériez, alors félicitez-le chaleureusement et récompensez-le. La récompense provoque un conditionnement : on associe un ordre précis à un comportement particulier et récompensé. Le conditionnement positif, c'est-à-dire l'éducation par la récompense, permet d'avancer très rapidement dans l'éducation de votre compagnon. Il faut bien sûr veiller à la simultanéité « ordre-réponse-récompense ». Pour toutes les phases d'apprentissage et d'éducation du chien, il convient donc de suivre cette règle : **renforcer les bons comportements par des récompenses, plutôt que de punir les fautes**.

Les types de récompense

La récompense est habituellement verbale. La voix, l'intonation mais aussi la mimique de votre visage et la posture de votre corps forment un message agréable. Sous forme de câlins, elle devient tactile. Suivant la partie du corps que vous caressez, la récompense a plus ou moins de « valeur ». Ainsi, une caresse sur la gorge, le menton ou la poitrine est bien plus appréciée que sur le dos ou le crâne (manifestations de dominance). En plus de son action défoulante, le jeu a également une qualité de récompense. Il s'agit là d'un intermède très utile, d'un moment récréatif et encourageant, entre les exercices d'éducation. La friandise, qu'il s'agisse d'une croquette ou d'un biscuit, devrait être donnée avec parcimonie, car votre cocker, grand gourmand, risque de se fixer uniquement sur ce type de récompense. Elle est uniquement conseillée dans des phases d'éducation difficiles.

Les types de punition

Il arrivera cependant que vous deviez punir votre cocker spaniel. Il faut essayer de se limiter à une punition verbale. Pour qu'elle soit utile, elle doit être immédiate et occasionnelle. À toute tentative de désobéissance, on gronde le chien d'une marque de réprobation toujours identique : un « non ! » dur, bref, énergique et sans appel. Quand vous dites « non », il faut aussi le penser ! La voix doit être basse et la plus grave possible. Les sourcils du maître sont froncés et son corps légèrement penché en avant. Il ne faut surtout pas crier car

l'ouïe du chien est bien supérieure à la nôtre ! Une bonne réprimande consiste aussi à renvoyer votre cocker dans sa corbeille et l'ignorer pendant une dizaine de minutes. Une punition plus prononcée est celle qu'administre habituellement la mère à son chiot. Il faut saisir le chien par la peau du cou, le soulever un peu et le secouer légèrement en disant «non !». Un bon éducateur ne devrait pas en arriver à frapper son chien, ne serait-ce qu'avec un journal. **Frapper un chien, c'est affirmer son échec éducatif. Le frapper avec brutalité, c'est lui apprendre à mordre !**

5 – Les exercices

L'éducation dépend du degré de maturité du chien. Les exercices de base peuvent commencer dès l'âge de 3 mois. Au début, ils doivent s'opérer sous forme de jeux et ne pas excéder **2 à 3 séances de 5 minutes par jour**. Plus tard, les leçons pourront durer 20 minutes. Choisissez également un endroit calme, pour ne pas distraire votre cocker spaniel, puis progressivement, répétez les exercices en ville, dans un parc, en présence d'autres chiens et d'autres personnes. Il faut toujours essayer de canaliser un début de comportement quelconque vers une activité dirigée et récompensée par le maître. Les exercices ne doivent jamais être ressentis comme une contrainte et toujours se solder par un succès. Les progrès ne se feront que par la répétition des leçons.

L'APPRENTISSAGE DU CHIOT COCKER SPANIEL

La boule de poils que l'on vient d'accueillir est si mignonne, que l'on ne pense qu'à la cajoler. Avec ses yeux tendres de… cocker, ses gestes maladroits, ses mimiques irrésistibles, comment ne pas la gâter, comment ne pas rire devant ses bêtises si drôles. Mais le jeune cocker, lui, devient rapidement « conscient » du pouvoir de son regard de chien battu et de ses libertés. S'il vous découvre une faiblesse, il saura immédiatement en tirer profit.

L'apprentissage est pourtant capital à cet âge, car il correspond à des phases de socialisation et de hiérarchisation très précises. Ce que vous ne lui enseignez pas dans ses tout premiers mois, vous aurez beaucoup plus de difficulté à le lui apprendre par la suite. Ne remettez pas son éducation à plus tard, sous prétexte qu'il est encore si jeune, mais commencez dès maintenant. Cela ne vous empêche pas de l'entourer de toute l'affection nécessaire !

1 – La propreté

Selon des critères purement canins, le chiot est propre, puisqu'il ne fait jamais ses besoins sur son lieu de repos. Lui inculquer la propreté comme nous la concevons est un apprentissage qui peut démarrer à l'âge de 3 mois. Il est rare qu'un chien soit définitivement propre avant l'âge de 5 mois. Si le chiot a répandu une jolie petite flaque, inutile de se fâcher. Surtout, ne criez pas, ne le battez pas et ne lui mettez pas le nez dedans ! Si vous agissez ainsi, vous avez la certitude que votre chiot deviendra craintif et nerveux en quelques

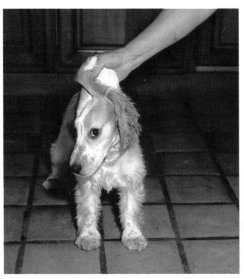

jours ! Quand vous le prenez en flagrant délit, grondez-le sur le champ en prononçant un « non » ferme. S'il s'interrompt tout de suite, portez-le à l'endroit prévu et félicitez-le. Au contraire, s'il continue, prenez-le aussitôt par la peau du cou, secouez-le légèrement, puis transportez-le à l'endroit souhaité. Évitez de nettoyer devant lui, une serpillière remuante peut ressembler à une invitation au jeu.

Il vaut mieux apprendre à respecter ses horaires. Jusqu'à l'âge de 5 mois, il urine très souvent. À son réveil, après les repas et environ toutes les deux heures, sortez-le régulièrement (même s'il n'en a pas envie) au même endroit pour que ses réflexes soient conditionnés par l'association d'odeurs. Ne rentrez que lorsqu'il aura fait ses besoins. Chaque fois qu'il réagit bien, félicitez-le chaleureusement. Par le biais de récompenses, il apprendra bien plus vite que par les punitions.

Si vous habitez en appartement et si le chiot a entre 8 et 12 semaines, on peut l'habituer à faire ses besoins sur des journaux. Il faut toujours laisser une feuille de papier humide, imprégnée de son odeur, sur le dessus. On glisse progressivement les papiers journaux vers la porte de sortie puis à l'extérieur et enfin on les élimine au fur

et à mesure, en encourageant le chien à faire ses besoins directement sur le sol. Il apprendra rapidement à se diriger vers la porte et à attendre que vous l'ouvriez.

Si votre petit cocker spaniel urine par soumission ou par excitation, il ne faut pas le gronder. Dans le premier cas, on essayera d'enlever sa crainte devant l'homme, dans le second, ces « fuites » se régleront d'elles-mêmes avec l'âge.

2 – L'inhibition des morsures

N'habituez pas votre cocker spaniel à vous mordiller par jeu, qu'il s'agisse de vous-même ou de vos enfants. Le chiot doit apprendre à contrôler ses mâchoires, sinon, il risque de faire de plus en plus mal ou de les utiliser entre 6 et 10 mois quand il essayera de gagner une position hiérarchique dominante. À chaque fois qu'il vous mord, prenez-le par la peau du cou, soulevez-le et secouez-le légèrement en disant fermement « non ! » et cessez le jeu.

3 – L'apprentissage de la solitude, le rituel d'accueil

Le chien est un animal social qui a besoin de vivre au sein d'un groupe. Contrairement à une idée reçue, sa notion de la durée est suffisante pour qu'il ne confonde pas une absence d'1 ou 2 heures avec celle de 8 heures consécutives. Pour cette raison, il ne faudrait jamais prendre de chien en sachant pertinemment que durant la journée personne n'est à la maison pour s'en occuper. Néanmoins, votre cocker ne pouvant vous accompagner partout, il est sage de l'habituer très progressivement à quelques heures de solitude (3 heures au maximum). L'apprentissage peut commencer après une à deux semaines d'adaptation dans sa nouvelle famille. Au début, il faut l'habituer à rester seul quelques instants avec son panier et ses jouets dans une chambre. Au bout de quelques minutes de séparation et s'il ne gémit pas, revenez pour récompenser son attente et son calme par votre présence apaisante. L'expérience des fausses sorties doit être renouvelée très souvent.

Il faut à tout prix éviter de ritualiser les sorties par de gros câlins et des sermons pleins de remords. Ignorez-le totalement pendant les

20 minutes qui précèdent votre départ et partez de la manière la plus indifférente possible, sans vous cacher, sans faire attention à lui et en laissant lumières et radio allumées. S'il a commis des bêtises durant votre absence, **surtout ignorez-les** et accueillez votre cocker comme si de rien n'était. La cérémonie d'accueil est très importante pour le chien et il ne faut pas s'y refuser.

Si pendant votre absence, votre cocker spaniel n'arrête pas de gémir et de hurler, s'il vomit, défèque et urine un peu partout, s'il cherche à ouvrir toutes les portes, les tiroirs, en détruisant meubles, coussins et livres, il s'agit d'un appel au secours. Le chien ne supporte pas la solitude et souffre d'une anxiété de séparation. Vous pouvez essayer d'alléger sa solitude en lui offrant un compagnon, chien ou chat, sinon restez avec lui ou emmenez-le !

L'ÉDUCATION DE BASE

Même s'il n'est pas de nature soumise, l'éducation du chiot cocker spaniel est aisée. Il faut respecter quelques règles simples : être cohérent dans son apprentissage, ne pas passer à un nouvel exercice tant que le précédent n'a pas été assimilé, ne pas arrêter l'exercice sur un échec, ne pas surmener le chiot. Même si elle est la condition nécessaire au succès d'un dressage approfondi, l'éducation de base doit avant tout rester une activité ludique.

1 – Le rappel

Le rappel est l'ordre le plus important, d'autant plus que le cocker est d'un naturel fonceur et aventureux. Le chien apprend rapidement à répondre à son nom. Il faut savoir qu'il ne s'identifie pas à son nom mais qu'il répond à ce signal sonore parce qu'il correspond à une interaction agréable avec son entourage. Par exemple, dans les tout premiers jours de son arrivée, appelez-le par son nom avant de lui servir son repas. Associez toujours son nom avec quelque chose de positif.

Pendant une promenade, laissez votre cocker se défouler sans laisse puis au bout de quelques minutes, adoptez la posture d'invitation au jeu. Accroupi, appelez le chien, les bras ouverts vers lui ou en tapotant vos cuisses, puis prononcez son nom en ajoutant «viens» sur un ton encourageant. S'il revient, récompensez-le chaleureusement et renvoyez-le jouer avec l'ordre «en avant», accompagné d'un geste de renvoi. Surtout ne le remettez pas immédiatement à la laisse. Si le chien hésite à revenir, laissez-lui le temps nécessaire et dans un premier temps, ne cherchez pas à lui faire quitter une bonne partie de jeu avec un congénère ou l'exploration d'une odeur inconnue. Le « retour » doit toujours être associé à une notion de «plaisir». Un maître qui bout d'impatience, affiche une mine de mécontentement total et hurle le nom du chien, ne risque pas de le voir arriver. Si, de surcroît, le chien finit quand même par venir et que vous le punissez, **vous avez tout faux** ! Le chien aura associé le retour vers son maître avec une expérience fort désagréable et on ne l'y reprendra pas !

Une autre méthode consiste à vous cacher derrière un arbre, profitant d'un moment d'inattention de votre compagnon. Tout absorbé qu'il était par quelques effluves, le chien va remarquer votre absence, s'inquiéter et partir à votre recherche. À ce moment, appelez-le, puis sortez de votre cachette. Le chien sera soulagé de vous retrouver. Il ne faut pourtant pas abuser de cette méthode car, à force, vous pourriez créer un état d'anxiété et le chien risquerait de rester trop « collé » à vous. Un peu d'indépendance n'a jamais fait de mal !

Au fur et à mesure, le chasseur associera le rappel de son futur compagnon de chasse avec un geste de la main puis avec de brefs coups de sifflet en continu.

2 – La marche à la laisse

La laisse doit mesurer environ 1 mètre et le collier doit être bien ajusté. Choisissez ces accessoires de préférence en cuir. Évitez la laisse à dérouleur, responsable de nombreux accidents, le collier

étrangleur ou pire le collier électrique. Ce sont de véritables instruments de torture. Il existe également le collier à maillons métalliques dit d'éducation : il se resserre mais sans étrangler le chien. Habituellement, on apprend au chien à marcher à gauche de soi. Dans un premier temps, le chiot va vouloir s'amuser avec la laisse ou carrément refuser d'avancer. Surtout, ne le traînez pas derrière vous comme un boulet mais attendez qu'il démarre spontanément et encouragez-le en attirant son attention.

Votre cocker va vite chercher à vous dépasser, donc à tirer sur la laisse pour aller flairer de droite et de gauche. Corrigez son empressement et ses écarts par un coup sec sur la laisse en accompagnant votre geste de l'ordre « au pied », prononcé fermement, puis relâchez immédiatement et caressez-le. Répétez si votre cocker spaniel n'obtempère pas. Dès qu'il fait des progrès, récompensez-le. Par la suite, opérez plusieurs changements de direction, d'abord sur votre droite puis sur votre gauche.

Si des passants ou d'autres chiens approchent, ne tendez pas la laisse, ce qui mettrait votre cocker en alerte mais parlez-lui ou effectuez des exercices de diversion. En promenade, ne laissez pas tout le monde caresser votre chiot et ne lui faites pas trop tôt l'expérience de la marche à la laisse dans une zone d'intense circulation ou baignée par la foule.

3 - S'asseoir

On peut déjà profiter que le chiot s'assoit spontanément pour le féliciter (ce qui arrive généralement quand on lui montre son bol de nourriture). Pour lui apprendre cette position, accroupissez-vous à côté de lui. D'une main, appuyez doucement mais fermement sur la croupe, de l'autre relevez sa tête pour l'empêcher de se coucher. Pendant la manipulation, prononcez d'une voix ferme son nom suivi de « assis ! » et caressez-le s'il s'est laissé faire. Une friandise peut l'encourager à s'asseoir. Par la suite, associez le geste à l'ordre. Debout devant le chien, appelez le chien par son nom et dites « assis » tout en levant le bras. La position assise est une position idéale pour calmer son chien.

Le chasseur travaillera par la suite l'assis à distance, en associant l'ordre au geste (bras levé) et au sifflet (deux coups de sifflet). Le « assis » ou « sit » doit être assimilé au « assis - pas bouger ». Ainsi, il pourra immobiliser son cocker en pleine action, même s'il est éloigné. Cet ordre évite au chien de poursuivre le gibier qu'il a levé et de s'exposer inutilement aux plombs.

4 – Se coucher

Dans ce cas, on profite également que le chien se couche spontanément à son endroit préféré ou dans sa niche pour associer cette action avec l'ordre « couché » suivi d'une récompense. On peut lui montrer la position « couché », en appuyant d'une main sur sa croupe et de l'autre, en lui tirant les membres antérieurs vers l'avant. Pendant la manipulation, prononcez d'une voix rassurante le nom du chien suivi de « couché ». Comme il s'agit pour lui d'une attitude d'infériorité, il faut le féliciter chaleureusement s'il garde cette position. Un chien soumis aura tendance à se rouler sur le dos. N'acceptez pas cette posture de soumission.

5 – **Se mettre debout**

Si le chien est couché ou assis, ordonnez « debout », précédé du nom du chien, en mimant le geste du bras. S'il ne comprend pas, prenez-le à la laisse et tirez légèrement jusqu'à ce qu'il se soulève. Récompensez-le aussitôt.

6 – **Ne pas bouger de place**

Les ordres « assis » et « couché » bien acquis, on peut lui apprendre à ne pas quitter l'endroit désigné. Cette étape est très importante, car votre cocker spaniel vous fait à présent entièrement confiance. Pour lui apprendre ce commandement, placez un objet imprégné de votre odeur à ses côtés (ex. : veste) pour le rassurer et écartez-vous progressivement du chien, tout en ordonnant d'un ton ferme son nom suivi de « couché - pas bouger ! ». Renforcez l'ordre par le geste

« stop », main en direction du chien, paume dressée. S'il essaye de vous suivre, prononcez un « non ! » catégorique, remettez-le en place et reprenez la leçon. S'il reste à sa place, ne l'appelez pas mais revenez vers lui et récompensez-le. Travaillez l'exercice en reculant à droite, à gauche, de plus en plus loin, puis jusqu'à ce qu'il ne vous voie plus. Ne restez invisible d'abord que quelques secondes puis quelques minutes. À votre retour, félicitez-le.

7 – Attendre à un endroit puis le rappeler

Votre cocker spaniel vient d'apprendre « pas bouger ». Il ne sera pas difficile de lui apprendre « reste », un ordre analogue puisque vous allez vous éloigner de lui, en lui tournant le dos. Par contre, quand vous allez vous retourner, rappelez-le vers vous par son nom et en prononçant « au pied ! ».

8 – Le rapport d'objets

Le jeune cocker spaniel adore cet exercice car il découle de son comportement de jeu et de chasse. Il est donc très facile de lui apprendre à rapporter des objets divers. Utilisez des jouets en caoutchouc, des bâtons non pointus, des balles, mais évitez les objets durs comme des cailloux qui risquent d'abîmer sa dentition. Au futur chien de chasse ou « trialer », on propose un « dummy » pour chiot, c'est-à-dire un petit apportable confortable pas trop lourd, facile à porter et de consistance agréable. Puis progressivement, on utilise un apportable de chasse plus lourd (morceau de bois recouvert d'une peau de lapin ou de plumes, peau de lapin lestée avec du sable) pour finir en situation réelle avec un gibier mort. Quand votre cocker spaniel prend l'objet dans ses mâchoires, prononcez « prends » suivi de « apporte » et, tout en l'encourageant, éloignez-vous à reculons pour qu'il ait envie de se rapprocher. Au début, il aura du mal à se défaire de sa « proie » et voudra la conserver jalousement. Ne le forcez surtout pas, il viendra de lui-même. Demandez-lui « assis », faites-lui garder l'objet quelques secondes dans la gueule et retirez-le délicatement en disant « donne », puis félicitez-le. Il est très important que votre cocker spaniel rapporte joyeusement, sans aucune crispation ni réticence. Veillez bien à ce que votre compagnon ne confonde pas le jeu et le rapport, car s'il a la « dent dure », il risque de ramener votre journal en miettes... ou le gibier mâchouillé !

9 – La marche sans laisse

Dès que votre cocker spaniel a bien assimilé tous ces exercices, vous pouvez l'habituer à marcher sans laisse. S'il vous dépasse, prononcez d'une voix ferme son nom suivi de «au pied !» et récompensez-le s'il obéit. Il doit apprendre à se mouvoir sans laisse parmi des passants même accompagnés de chiens et selon votre ordre, les ignorer ou aller à leur rencontre. Alors qu'un chien en laisse se sent protégé par son maître, aboie plus qu'il ne se doit et déclenche une agressivité anormale à la vue d'autres chiens, un chien correctement éduqué se montre habituellement silencieux et présente les comportements en règle de soumission ou de dominance.

10 – Le pistage

Le cocker spaniel piste d'instinct dès son plus jeune âge. C'est une véritable passion qu'il peut faire partager à un maître non-chasseur. On peut lui apprendre la recherche de gibier : une peau séchée de lapin ou une aile d'un gibier à plume est traînée au bout d'une ficelle sur une cinquantaine de mètres, à l'insu du chiot. Le maître place son chien en début de piste puis, en le tenant à une longue laisse, accompagne sa quête de «cherche» sur un ton encourageant.

On peut également procéder à une recherche sur maître en terrain inconnu. Un ami retient le chien pendant que le maître se cache plus loin, à plat ventre dans l'herbe (pas derrière un arbre) en ayant pris soin de bien imprégner l'herbe sur son trajet. Vingt minutes plus tard, votre ami mène le chien au départ de la trace et le suit. Le maître retrouvé, le chien sera dûment récompensé.

Le travail du flair peut facilement faire partie de jeux lors des promenades.

11 – L'insensibilité au coup de feu

Le chasseur doit habituer très tôt le chien à la puissante détonation des coups de feu. Au début, il demande à un ami de frapper très fort dans ses mains, non loin du chiot. Au même moment, le conducteur rassure et récompense son cocker. Les bruits progresseront en intensité : sacs en papier éclatés, pistolet à air comprimé puis fusil et cartouches.

LE DRESSAGE DU COCKER SPANIEL

Le dressage utilise les réflexes naturels du chien en les déviant de leur finalité et en les modulant. Ainsi, l'instinct de chasse (poursuite, encerclement) est remanié et approfondi chez les chiens de chasse et de berger. Le dressage est souvent compris comme une spécialisation et débute vers l'âge de 6 à 10 mois pour une durée variable. On y travaille l'obéissance, les qualités physiques et les aptitudes spécifiques du chien. Les options sont d'autant diversifiées et font souvent l'objet de concours : field-trial, obédience, agility…

Selon l'objectif, le dressage évolue vers la vocation d'origine (la chasse) ou vers une pratique utilitaire (formation de chien thérapeute).

Le dressage du chien de chasse réclame une grande compétence. Généralement, on fait appel à un dresseur professionnel qui prendra le jeune chien en pension toute la durée de son apprentissage ou proposera à la fois au chasseur et à son cocker des stages de formation. On commence par obtenir l'« assis » à toutes distances, par tester sa connaissance du gibier, par travailler la quête sur indication du conducteur (à la voix, au mouvement et au sifflet), tout en augmentant progressivement la largeur du terrain à couvrir puis on améliorera le rapport à l'eau et sur terre. En fin de dressage, on passe en situation réelle afin d'approfondir l'expérience du chien. On veillera à attacher un grelot à son collier afin de le localiser en permanence et de ne pas le rappeler au moment inopportun.

Le cocker spaniel est un chien remarquablement polyvalent (à la fois leveur et rapporteur). Pour développer ses qualités au travail, la battue en petites traques est une bonne école. Il serait néanmoins dommage de cantonner le cocker spaniel au seul rôle de broussailleur. À condition d'un bon dressage et d'un travail de complément, il peut même être employé à la recherche au sang. Sans être kamikaze comme le jagdterrier, il sait parfaitement « tenir le ferme » sur le sanglier.

Les activités sportives

Le S.C.F. (Spaniel Club de France) organise chaque année une dizaine à une vingtaine de field-trials. Il s'agit de compétitions de chasse pratique, établies selon des règles précises. Les field-trials, qui se déroulent généralement sur deux jours, ont lieu tous les ans en même temps que l'ouverture de la chasse au gibier correspondant (seul, le field-trial de printemps se déroule hors saison dans une propriété close avec du gibier mort). Le but du S.C.F. est de conserver le « beau » et le « bon ». L'ensemble des épreuves signale aux éleveurs les meilleurs cockers spaniels selon des critères de travail afin d'améliorer l'élevage. Le Year Book publié par le Spaniel Club depuis 1993 recense tous les champions de beauté, de travail et de conformité au standard.

L'épreuve pour débutants est ouverte aux cockers spaniels âgés de 10 mois au minimum, préalablement dressés mais qui ne possèdent pas encore assez d'assurance pour participer aux field-trials. Le chien est jugé sur son allure, son tempérament, son obéissance aux ordres. Contrairement aux T.A.N., le rapport du gibier y est obligatoire. Si le chien obtient la mention « admis » à cette épreuve, il peut se présenter en field-trial (âge d'admission : minimum 12 mois).

Les field-trials sont des épreuves de chasse pratique qui permettent de sélectionner sur le terrain les meilleurs cockers. Ils se seront signalés par leurs qualités d'intelligence, de nez, de style, d'allure, d'endurance et de disposition à recevoir et à garder un dressage spécifique. Le titre de trialer (reproducteur coté à 3 points) est décerné au chien qui a obtenu au moins un « très bon ». Les fields tentent de reproduire les situations réelles de chasse : la récupération du gibier (à plumes ou à poil) se déroule sur divers types de terrains (cultures avec haies, bois, fourrés, marais...). Le parcours dure 15 minutes. Le cocker spaniel doit être endurant et avoir un bon contact avec son conducteur (obéissance), sa quête doit être intelligente, méthodique et de juste ampleur selon la portée du fusil et la nature du terrain, son action est toujours passionnée et continuelle, son flair est infaillible que ce soit sur piste ou à bon vent, il doit exploiter la piste avec beaucoup d'assurance et sa vitesse d'exécution sera la plus grande possible, les ronciers ne doivent pas l'effrayer, de plus, à l'envol et/ou à la fuite du gibier, il doit rester parfaitement immobile. Le gibier tiré, le cocker spaniel ira chercher la pièce sur ordre de son conducteur, la saisira et la lui rapportera. Le C.A.C.T. (Certificat d'Aptitude au Championnat de Travail) peut être attribué à un chien de mérite exceptionnel ayant obtenu un «excellent» en field-trial.

Remarque : pour participer à l'épreuve pour débutants et aux field-trials, le cocker spaniel nécessite un carnet de travail pour homologuer ses récompenses. Ce document comporte entre autres un matricule destiné à identifier le chien dans les fields et une série de tableaux permettant aux juges d'y inscrire la nature de l'épreuve et le résultat obtenu.

L'obéissance (ou obédience) : très conseillée, cette activité comprend des exercices précis de soumission aux ordres (rappels, sauts avec rapports d'objets, couchés libres…). Le chien doit montrer une grande joie dans le travail et une parfaite coordination avec son conducteur.

L'agility : ce sport canin recommandé est ouvert à tous les chiens, avec ou sans pedigree, grands ou petits, de travail ou de compagnie. Il offre de bonnes conditions de sociabilité, puisque les chiens évoluent en liberté. Le chien doit passer le plus rapidement possible plusieurs obstacles. Le cocker spaniel y participe avec beaucoup de passion.

Il existe également les **4-pattes-cross**, où maître et chien, reliés par une laisse, effectuent un parcours de cross-country.

Expositions et concours

Le Spaniel Club de France, directement affilié à la S.C.C. (Société Centrale Canine), supervise l'élevage du cocker spaniel en France. En plus des épreuves de travail, il organise des expositions afin de primer les meilleurs chiens et d'assurer ainsi un bon noyau de reproducteurs. Si votre chien est prometteur, il devra participer à de nombreuses compétitions pour devenir un géniteur recommandé.

Le Test d'Aptitudes Naturelles (T.A.N.), d'après sa définition, teste les aptitudes et les qualités innées du jeune cocker spaniel à « l'état brut », qui n'a pas encore été soumis à un dressage préalable. Néanmoins, on constate que les candidats, âgés de 10 mois minimum, arrivent généralement bien préparés, ce qui fausse les données du test. Tout cocker spaniel devrait néanmoins y participer. Les réponses du chien aux différentes stimulations sont très informatives pour le propriétaire. Le T.A.N. teste l'allure générale (en laisse et en liberté) et le style du cocker, l'équilibre et le tempérament, sa complicité avec le conducteur, la sociabilité (le chien ne doit en aucun cas manifester de l'agressivité à l'égard du juge quand ce dernier l'examine), le calme à la détonation du fusil, les qualités de chasseur et de flair (le chien doit réagir à proximité d'un gibier placé dans un fourré), le tempérament broussailleur, le rapport naturel. Le cocker qui réussit cet examen obtient un point de cotation supplémentaire

sur son pedigree. Pour l'instant, le T.A.N. n'est pas obligatoire à tout futur reproducteur, ce qui est déplorable. Ce test de base, très simple, permettrait d'écarter de la reproduction tout sujet agressif, peureux, manquant d'instinct de chasse ou ayant une conduite anormale.

Les expositions régionales d'élevage sont organisées pour sélectionner les meilleurs sujets en vue de l'**exposition nationale d'élevage**. Enfin, il existe également les expositions canines internationales. Ne devraient être pris en considération que les sujets indemnes de maladies héréditaires (tares oculaires, dysplasie des hanches...). On peut présenter son cocker spaniel en classe ouverte dès l'âge de 12 mois pour l'obtention du CACS (Certificat d'Aptitude de Conformité au Standard) ou dès l'âge de 15 mois dans les expositions à CACIB (Certificat d'Aptitude au Championnat International de Beauté). En classe travail, les conditions sont les mêmes sauf que les cockers concourant dans cette catégorie doivent avoir obtenu au préalable au moins un « très bon » en field-trial. Le jeune chien peut être présenté en classe débutant s'il est âgé de moins d'1 an ou en classe jeune s'il est âgé de 12 à 18 mois.

Le CACIB, récompense prestigieuse, peut également être obtenu en classe champion (seuls les cockers possédant déjà un titre de champion national ou international peuvent concourir dans cette catégorie). Il existe des concours de beauté ainsi que des concours de travail. Le plus important étant d'exposer un chien non seulement « beau » mais aussi « bon » au travail : un cocker spaniel complet.

Pour accéder au titre de « champion de conformité au standard », le cocker spaniel doit être titulaire de trois CACS et d'un « très bon » en field-trial. Pour prétendre au titre de « champion international de beauté », il doit être titulaire de deux CACIB et avoir obtenu au minimum un « très bon » en field-trial.

Pour être présenté, le cocker spaniel devra être lavé et toiletté (l'épilation constitue la partie la plus importante du toilettage et doit être effectuée trois semaines avant l'exposition). Le toilettage demande beaucoup d'expérience et d'attention. Les éleveurs ont souvent leurs toiletteurs attitrés, à moins de s'en charger eux-mêmes, car ils ont une connaissance approfondie du standard.

Tous les chiens n'apprécient pas de passer une journée entière dans un box et d'être confrontés des heures durant à la chaleur des halls d'exposition, au bruit infernal des aboiements et des haut-parleurs. Si tel est le cas pour votre cocker, ne le soumettez pas de force à ces concours. Les expositions sont souvent un challenge entre éleveurs et peuvent dégoûter l'amateur passionné mais isolé.

En conclusion...

L'éducation et le dressage doivent être conçus comme un travail en commun. Le maître doit apprendre tout autant que son chien. Il s'agit de découvrir les aptitudes physiques et caractérielles de votre partenaire mais aussi vos facultés d'éducateur. De plus, le dressage à titre de loisirs ne doit pas tendre vers la spécialisation. Il est bien plus intéressant d'explorer les facultés d'adaptation de votre chien. Avec une bonne éducation, votre cocker spaniel peut vous accompagner dans une promenade à cheval, à vélo, rapporter des objets jetés à l'eau, rapporter du gibier lors d'une action de chasse, suivre une piste... Il ne s'agit pas d'obtenir un « pro » cantonné dans une seule discipline mais de former un chien polyvalent. Le but de cette diversification : rechercher une meilleure connaissance du chien et de soi-même, établir une étroite complicité par une attention réciproque.

Rien ne vous empêche également de créer vos propres exercices. La forêt et la campagne sont une mine d'obstacles naturels et de situations nouvelles : votre compagnon peut sauter par-dessus des troncs d'arbres, des ruisseaux, escalader des rochers, passer une rivière à la nage, monter sur une butte, vous suivre à distance, pister dans les broussailles...

Dans toutes les activités sportives que vous allez proposer à votre cocker spaniel, il faut veiller à :

– lui offrir le maximum de situations différentes dès son jeune âge ;

– alterner les activités physiques et intellectuelles ;

– attendre qu'il soit âgé d'au moins 6 mois et ne jamais le surmener ;

– ne jamais le contraindre à un exercice qui lui fait peur ;

– ne jamais conclure une leçon sur un échec ;

– terminer l'entraînement par des jeux ;

– être motivé et le motiver, se donner à fond dans son éducation et ne pas se prendre trop au sérieux ;

– ne pas abuser de son autorité et tolérer quelques « tarde-à-obéir » et quelques escapades.

Chien et maître doivent prendre plaisir l'un à l'autre !

L'ALIMENTATION DU COCKER SPANIEL

Le chien n'est pas un carnivore strict. Il a besoin d'une nourriture à base de viande, donc de protéines, complétée par un apport de légumes et de céréales. Son alimentation doit lui apporter en quantité suffisante les protides, lipides, glucides, vitamines, minéraux et oligoéléments nécessaires à sa croissance et à sa santé.

L'alimentation varie selon l'âge, l'état physiologique (chien sportif, femelle gestante ou allaitante) et l'état de santé du cocker.

LES TYPES D'ALIMENTS

La nourriture peut être proposée sous deux formes : les aliments industriels préparés ou la pâtée maison.

1 - Les aliments préparés

Ils ont le grand avantage de fournir une alimentation parfaitement équilibrée. Les marques sérieuses proposent une gamme de produits variés, adaptés aux besoins spécifiques de votre cocker spaniel. Qu'il s'agisse d'un chiot, d'un chien âgé ou encore d'un chien de travail devant fournir un effort intensif ou prolongé, tous les cas de figure ont été étudiés. Choisissez le type de nourriture avec soin, comparez les compositions et les qualités nutritives des différents produits. N'hésitez pas à adopter des marques de qualité. Le vétérinaire ou l'éleveur peuvent vous donner de précieux conseils, car tous deux collaborent souvent avec ces industries. Il ne faut pas négliger l'aspect pratique des aliments tout prêts : souvent moins chers que la pâtée traditionnelle, ils sont très faciles à servir, simples à transporter (en voyage) et se conservent longtemps.

Ils existent sous deux formes :
– les aliments secs : croquettes de viande (bœuf, poulet...), céréales et légumes déshydratés (riz soufflé, pétales de maïs, carottes séchées...) peuvent être emballés séparément ou être préalablement mélangés, offrant dans ce cas un aliment complet. Les croquettes de viande contiennent une forte concentration de conservateurs chimiques (antioxydants) destinés à la conservation des corps gras. Attention aux produits de moindre qualité, très odorants, contenant des agents chimiques d'appétence ou trop colorés : ils peuvent provoquer des eczémas. La haute teneur en fibres convient également aux chiens plus âgés, souvent sujets à des problèmes digestifs. Les aliments secs doivent toujours être servis avec de l'eau, soit dans le repas (l'eau faisant « gonfler » les éléments), soit à part, dans un grand bol.

– les aliments humides : leur taux d'humidité est très élevé (70 à 80 %). Ils contiennent souvent trop d'activateurs de goût à tel point que le chien n'arrive plus à être rassasié. Les conserves de viande cuite proposent différents types de viandes. Elles doivent être ajoutées à un mélange sec céréales/légumes. Les conserves d'aliments complets contiennent, en plus de la viande, des légumes et des céréales.

À condition de respecter l'équilibre nutritionnel, on peut également opter pour un mélange sec/humide : un tiers de flocons de céréales et de légumes pour deux tiers de viande en conserve ou fraîche.

2 - La pâtée maison

Vous pouvez préparer vous-même l'alimentation de votre cocker à condition d'équilibrer les différents ingrédients. La ration ménagère comprend :
– 50 % de viande mi-maigre de bœuf ou d'agneau, coupée en dés, crue ou mi-cuite ;
– 25 % de céréales : riz brun cuit et bien rincé, flocons d'avoine ou de blé, purée de millet ou d'orge ;
– 25 % de légumes étuvés : carottes, salades, poireaux, tomates…

Ne lui donnez pas de pommes de terre, de pâtes ni de haricots ou de pois secs.

La viande de bœuf et d'agneau doit être de qualité contrôlée ; veillez à ce qu'elle ne contienne pas trop de tendons et d'aponévroses. La chair de porc et de volaille doit être bouillie, car elle peut contenir des germes dangereux. La viande peut être remplacée de temps à autre par du poisson, un jaune d'œuf ou un œuf dur. Les produits laitiers comme le fromage blanc sont d'excellents compléments. Le chien adulte ne supporte souvent pas le lait de vache car il a perdu l'enzyme responsable de la digestion du lactose.

Les vitamines et les minéraux essentiels sont apportés par l'huile de germe de blé (1 cuillerée à soupe), de la levure de bière (1 cuillerée à soupe), du sel iodé (1 pincée). En hiver, on ajoutera de l'huile de foie de morue (1 cuillerée à café). La poudre d'os riche en calcium et en phosphore (1 cuilerée à café) assure une bonne ossification. Les fruits sont souvent une source de vitamines non négligeable et le cocker en raffole : banane, poire, pomme, cerise ou même l'orange, selon les goûts !

Pour plus de facilité, vous pouvez également utiliser des complexes vitaminés et minéraux qui existent sur le marché. Selon la concentration, il suffit de donner un supplément par semaine ou par mois à un chien adulte. Pour choisir la marque, demandez conseil à votre vétérinaire. Il faut scrupuleusement suivre les doses prescrites, les excès pouvant entraîner de graves problèmes de santé ! Un complexe vitaminé-minéral doit être considéré comme un médicament diététique et non comme une friandise, il ne se donne pas à la légère. Le calcium et les vitamines sont particulièrement indiqués pour les chiots en pleine croissance, les femelles gestantes, les chiens âgés.

Le chien a souvent tendance à engloutir son repas sans même prendre le temps de mâcher. Il s'agit d'un comportement ancestral, commun à bon nombre de canidés. La concurrence autour de la nourriture étant grande, il s'agit d'en avaler la plus grande quantité en un minimum de temps. Seul l'animal dominant se sert en premier et prend tout son temps pour manger, démontrant ainsi sa supériorité. Votre cocker n'est donc nullement goinfre, il répond seulement à un comportement naturel. Il est également fréquent qu'il régurgite son repas trop vite avalé, pour le manger aussitôt, mais plus calmement.

Le chien peut se procurer un supplément de verdure en choisissant certaines touffes d'herbes pendant ses promenades. Ce comportement a souvent lieu au printemps et sert à purger un estomac barbouillé.

LA RATION

La ration de votre cocker spaniel dépend de son âge, de son activité physique, de son état physiologique et de la température ambiante. Quand il s'agit d'aliments prêts, la ration est indiquée sur les paquets ou sur les conserves. En ce qui concerne la ration ménagère, on compte pour un cocker spaniel adulte à l'entretien 12 à 17 g de viande par kilo de chien et par jour (soit environ 160 à 220 g de viande pour un chien de 13 kg) pour une pâtée totale d'environ 400 g. Les quantités peuvent être doublées pour un chien sportif ou de chasse. Les athlètes canins apprécieront les petites rations complémentaires faites d'un mélange de fromage blanc, de céréales avec un peu de miel et un jaune d'œuf.

Si, en exerçant une légère pression sur les flancs de votre cocker spaniel, vous sentez le modelé des côtes, cela indique qu'il reçoit la ration qui lui convient.

Les interdits

Ne pas lui donner les restes de cuisine : ils sont souvent beaucoup trop gras, épicés ou salés. Les sucreries, la charcuterie, la sauce, les pommes de terre et la mie de pain sont à proscrire complètement.

Ne strictement rien donner à table. Ce serait l'habituer à quémander, ce qui entraîne généralement une obésité. Le chien mange **après** vous et dans **sa** gamelle.

Pour la même raison, ne pas l'habituer au grignotage. Restez de marbre devant ses yeux implorants ! Si votre cocker mérite réellement une récompense (ex. : exercice d'éducation réussi), il existe des friandises spécialement conçues à cet effet (biscuits, snacks à la viande…).

Ne rien donner entre les repas et instaurer les repas à heures fixes.

Ne pas changer de régime brusquement mais mélanger progressivement, jusqu'à l'exclusion de l'ancien type de nourriture.

Les conseils

Votre cocker doit toujours avoir un **bol d'eau fraîche** à sa disposition. Son besoin en eau augmente s'il est nourri avec des aliments secs.

Un chien adulte devrait être tenu **à la diète un jour par semaine**. Donnez-lui juste un bout de fromage (pâte cuite), un yaourt ou un œuf.

Le chien reçoit son **repas le soir**, à l'heure du coucher, s'il dort dehors. S'il reste à l'intérieur, avancez l'heure du repas pour qu'il puisse faire ses besoins avant la nuit.

Si le chien boude son repas, il n'y a pas de quoi s'inquiéter. Retirez le plat, placez-le au réfrigérateur et attendez le lendemain pour le présenter à nouveau.

Le grand défaut du cocker réside dans sa **gourmandise**. Dès qu'une opportunité se présente, il volera les apéritifs qui attendent sur la table du salon, fouillera les poubelles si elles sont accessibles ou se précipitera vers le lave-vaisselle pour lécher les assiettes sales. Pour ne pas provoquer la tentation, il faut impérativement enlever tous les mets qui se trouvent à sa portée et bien fermer la poubelle.

L'OBÉSITÉ

Le cocker spaniel est prédisposé à l'obésité. Sachez qu'un chien obèse est un chien malade. Il n'y a qu'un responsable : son propriétaire ! Ce dernier ne se rend pas compte qu'en agissant de la sorte, il raccourcit l'espérance de vie de son compagnon. Un repas trop riche, des gâteries trop fréquentes... et l'obésité s'installe. La graisse se dépose un peu partout dans le corps, jusqu'au cœur. En plus des difficultés de locomotion évidentes, le chien risque un malaise cardiaque. Pour l'amour de votre cocker, ignorez son regard suppliant et ne le gavez pas !

Pour combattre l'obésité, il faut supprimer tous les féculents et sucreries et servir un repas maigre en deux rations journalières. **Diète conseillée** : 10 g de viande maigre par kilo du poids du chien par jour, 15 g de légumes verts par kilo du poids du chien par jour, 2 cuillerées à café de levure de bière, 2 à 3 cuillerées de fromage blanc écrémé et une fois par semaine une cuillerée à café d'huile végétale. Il est bien sûr indiqué d'y associer de l'exercice mais sans excès en début de régime.

L'OS DE MÉDOR

Les os constituent un véritable régal pour le chien. **Mais il faut impérativement éviter de lui donner des os de poulet, de mouton ou de lapin.** Très friables, ils se brisent facilement en arêtes pointues qui ont une fâcheuse tendance à se piquer dans la gorge, à se bloquer dans l'œsophage, ou pire, à perforer les parois intestinales. Les gros os de bœuf ou de veau sont bien plus indiqués.

L'action de ronger un os fortifie les mâchoires et évite la formation de tartre sur les dents par un effet autonettoyant. Certes, l'os a le désavantage de constiper le chien, mais il procure à notre compagnon des heures, voire des jours de bonheur. Quand il enterre son butin, il suit généralement un comportement ancestral de « mise en réserve » pour des périodes plus difficiles. Il le ressortira plus tard et pourra déguster son mets bien faisandé à l'abri des regards jaloux. Certains petits malins enterrent aussitôt leur os en espérant que d'autres friandises du genre suivront !

On peut également offrir à son cocker spaniel des objets en peau de bœuf, des nerfs et des oreilles de bœuf, ou encore des quignons de pain rassis. Le plaisir de ronger sera toujours aussi grand.

SERVIR LE REPAS

Le chien a ses habitudes. Il faut respecter ses horaires de repas et lui donner sa gamelle toujours au même endroit, si possible à l'extérieur ou dans un endroit facile à nettoyer. Le récipient, de préférence en inox, doit être d'une propreté impeccable. Pour éviter que les longues oreilles de votre cocker ne se salissent pendant qu'il mange sa pâtée, passez-lui un

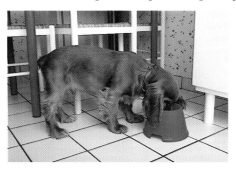

turban sur les oreilles, que vous ôterez sitôt le repas fini ou disposez la nourriture et l'eau dans des écuelles profondes et étroites, spécialement adaptées.

L'ALIMENTATION DU CHIOT ET DU JEUNE COCKER SPANIEL

Une alimentation équilibrée durant les 8 premiers mois pose les fondements d'une bonne santé et de la future vitalité de votre cocker spaniel.

À poids égal, les besoins du chiot sont le double de ceux d'un adulte. La surveillance régulière de la prise de poids du chiot permet de contrôler son développement (courbe de croissance). L'alimentation doit impérativement présenter une teneur protéique élevée ainsi qu'un apport constant en calcium et en phosphore. Il est utile de se faire conseiller par un vétérinaire. Ses besoins caloriques étant élevés, le chiot doit recevoir plusieurs repas journaliers.

De 7 semaines à 4 mois, le chiot est nourri quatre fois par jour : le matin et le soir, un repas à base de lait et de céréales pour chiot, à midi et l'après-midi, un repas à base de viande fraîche hachée puis coupée en dés, de céréales et de légumes, mélangés à de la poudre d'os.

L'alimentation industrielle « spécial chiot » est très recommandée, car elle évite les problèmes de dosage des éléments nutritifs essentiels, rencontrés habituellement dans la préparation « maison ». Équilibrée, elle correspond à ses besoins spécifiques.

Vers 4 mois, et ce jusqu'à 6 mois, on peut éliminer un repas à base de lait ou un repas d'aliments préparés. Le jeune chien conserve deux repas par jour jusqu'à l'âge de 16 mois. À cet âge, le cocker spaniel, adulte et sexuellement mature, a définitivement terminé sa croissance et reçoit à présent la ration d'un chien adulte.

Ration ménagère du chiot et du jeune cocker spaniel

De 2 à 3 mois : matin et soir, une bouillie de lait reconstitué et de céréales (ou de biscottes beurrées) ou du lait mélangé à un jaune d'œuf cru. Midi et « 4 heures », 130 à 250 g de viande de bœuf, à répartir sur les deux repas avec du riz ou des céréales.

De 4 à 6 mois : le matin, 70 g de céréales ou un jaune d'œuf avec du lait puis 300 à 350 g de viande maigre de bœuf ajoutée à la même quantité d'un mélange riz-légumes (le riz peut être remplacé par des flocons de céréales), à répartir sur deux repas, midi et soir.

De 7 à 12 mois : 400 g de viande de bœuf à répartir sur deux repas (matin et soir) avec du riz ou des céréales et des légumes.

De 12 à 16 mois : 300 g de viande de bœuf, à répartir sur deux repas avec du riz ou des céréales et des légumes.

Ne pas oublier d'ajouter à chaque repas la juste dose d'une préparation minérale vitaminée. Une écuelle d'eau doit être en permanence à disposition.

Avertissement : le chiot ou le jeune cocker spaniel ne devrait **jamais être « poussé »** par une nourriture trop abondante et trop riche en éléments minéraux. Surchargés par un poids corporel trop élevé, les os, encore mous, risquent de se déformer.

L'ALIMENTATION DU COCKER ÂGÉ

Vers l'âge de dix ans, le cocker spaniel doit suivre une diète. Il s'agit de réduire la quantité de protéines pour ne pas trop fatiguer les reins et d'augmenter la quantité de légumes verts et de fruits pour faciliter le transit intestinal. Il ne faut pas dépasser 10 g de viande ou 20 g de fromage blanc par kilo de poids corporel.

En revanche, utilisez un maximum de produits laitiers frais et incluez régulièrement des levures dans sa ration. La nourriture en boîtes, trop riche en protéines, doit être diluée avec des légumes, des céréales ou du riz cuit.

Les fabricants d'aliments secs proposent des gammes « senior » à l'intention de votre compagnon vieillissant.

HYGIÈNE ET SANTÉ

LA PROMENADE ET LA BAIGNADE

Qu'il soit chien de chasse en intersaison ou compagnon sédentaire, le cocker spaniel doit bénéficier de plusieurs promenades quotidiennes. Il va de soi que ces promenades ne se limitent pas aux sorties hygiéniques de cinq minutes autour du pâté de maison ! La promenade permet au chien de se défouler, de maintenir sa forme physique, de combattre l'embonpoint mais aussi d'explorer un environnement autre que celui de sa maison ou de son jardin. Un cocker doit faire deux à trois sorties d'une heure par jour et profiter au moins une fois par semaine d'une longue balade en liberté d'une demi-journée.

S'il ne peut s'adonner à sa passion, la chasse, une activité de substitution (field-trial) ou sportive (agility) est tout à fait indispensable à son épanouissement. Votre chien ne demandera qu'à vous accompagner durant votre footing, lors de vos promenades à vélo ou à cheval.

Le cocker a un besoin inné de nager, de jouer et de se dépenser dans l'eau. L'eau est sa seconde nature et l'en priver serait une grave atteinte à son développement physique et psychique. Il faut donc impérativement lui permettre de s'ébattre régulièrement dans un marais, dans un étang ou dans une rivière (jamais dans un canal aux berges cimentées ou près d'un barrage !). Apprenez-lui à entrer dans l'eau uniquement sur votre ordre.

N'oubliez pas de modérer les activités physiques du chiot : ne le laissez vous accompagner à vélo que lorsque son développement physique est achevé et augmentez l'effort de manière très progressive. On évitera d'exposer le jeune chien à tout exercice intense ou prolongé jusqu'à l'âge d'1 an. De même, ménagez le cocker âgé.

L'ENTRAÎNEMENT DU COCKER EN INTERSAISON

Le chasseur réclame, de son cocker spaniel, en priorité de l'endurance. Mais un chien ne peut être au maximum de ses capacités physiques le jour de l'ouverture s'il n'a pas été entraîné au préalable (et si de surcroît, il souffre d'embonpoint à force d'inactivité). Même si cette remarque paraît évidente, tous les ans, lors des premiers jours de chasse, des chiens meurent en se donnant à fond jusqu'à la limite de l'épuisement. La majorité des accidents est due à une défaillance cardiovasculaire ou musculaire. Il est donc impératif que le chasseur apprenne à gérer la dépense physique mais aussi le repos de son cocker. Il doit le préparer de manière très progressive à un effort de plus en plus soutenu sans oublier d'adapter son alimentation à ses besoins énergétiques croissants.

L'entraînement du chien de chasse se fait comme pour n'importe quel athlète de haut niveau. Le programme d'entraînement intensif démarre au minimum un mois avant l'ouverture et se base sur la course de fond. Il faut éviter les fortes chaleurs de l'été sinon vous exposez votre chien au coup de chaleur. Courez ou accompagnez votre chien en V.T.T. tôt le matin ou en fin de journée. Durant ces quatre semaines se succéderont des courses de durée croissante. Pour le cocker, il est conseillé de commencer avec des sorties de 10 à 15 minutes, qui trois semaines plus tard dureront 60 à 80 minutes.

L'HYGIÈNE

1 - Le brossage

L'entretien du pelage du cocker spaniel est simple. Pour éviter un tour de rein, vous pouvez placer votre chien sur une table recouverte d'un revêtement antidérapant. Tous les deux jours, démêlez la fourrure à l'aide d'un cardeur afin d'éliminer les fibres mortes puis brossez le pelage avec une brosse double face : d'abord avec le côté métallique à pointes arrondies puis avec le côté en soies naturelles. Si le pelage du chien a été négligé quelque temps, des nœuds de poils feutrés peuvent se former sous le ventre ou derrière les oreilles. Si vous n'arrivez pas à les démêler avec vos doigts, n'hésitez pas à les couper à l'aide d'une paire de ciseaux. Avec un peigne métallique, arrangez les franges du poitrail, du ventre, de la « culotte » et des pattes. Pour démêler les oreilles, veillez à tenir d'une main l'attache de l'oreille pendant que vous peignez de l'autre : ainsi vous éviterez de lui faire mal. En période de mue (généralement au printemps et à l'automne), il faut brosser votre cocker quotidiennement.

En plus du côté esthétique et pratique, le brossage est ressenti par le chien comme un massage agréable, à condition bien sûr que vous procédiez en douceur. Il permet d'inspecter régulièrement l'aspect de la peau, l'état du poil, et de détecter la présence de parasites ou d'épillets.

Un toilettage s'impose quand vous désirez présenter votre cocker en exposition ou tout simplement pour un « lifting » général. Un toiletteur professionnel ou l'éleveur se chargeront de ce travail.

2 - Le bain

Le bain à base de shampooing doit rester un **événement exceptionnel**. Le shampooing, même très doux, a tendance à éliminer la couche de sébum des poils. Le pelage du cocker ayant des qualités autonettoyantes, une baignade dans une rivière ou dans un étang est bien plus conseillée. Le bain à base de shampooing peut être administré pendant la mue, si les pellicules sont trop abondantes ou quand le chien s'est roulé dans une substance nauséabonde. Mieux vaut choisir un shampooing « spécial chien ». Dans le cas de dermatose ou de parasitose, le vétérinaire prescrit un shampooing thérapeutique. Le bain est formellement interdit au chiot au-dessous de 4 mois.

3 - Les oreilles

Les oreilles du cocker spaniel sont très sensibles et il faut en prendre le plus grand soin. Elles doivent être inspectées régulièrement (si nécessaire à l'aide d'une lampe de poche) surtout après chaque promenade à la campagne. Véritables « ramasse-tout », elles accumulent épillets de graminées, fruits de bardane, gratterons, brindilles épineuses… À titre de prévention, on peut désépaissir les poils sous les oreilles avec des ciseaux dentés, dégager les abords du pavillon avec une tondeuse et épiler ceux qui poussent à l'entrée du conduit auditif.

Les oreilles doivent être nettoyées en cas d'infections ou de surplus de cérumen. Peu de chiens apprécient qu'on leur nettoie les oreilles. Tenez le compte-gouttes comme un crayon et laissez tomber quelques gouttes d'huile de paraffine dans le conduit auditif. Massez

bien les oreilles avant que le chien n'essaye de se secouer ou de se gratter puis, à l'aide d'un morceau de coton enroulé autour de votre petit doigt, nettoyez tous les plis du pavillon auriculaire et enlevez les impuretés qui ressortent du conduit.

La gale et les otites sont particulièrement fréquentes chez le cocker. S'il présente des oreilles douloureuses, malodorantes, des croûtes brunes ou un écoulement jaunâtre, le vétérinaire vous prescrira un traitement adéquat.

4 - Les pattes

Coussinets plantaires et espaces interdigitaux doivent être régulièrement inspectés après une promenade à la campagne pour détecter la présence d'épillets, de bouts de verre, de coupures ou d'épines. Sur le plan préventif, on peut dégager les touffes de poils entre les orteils et les coussinets des pattes et tailler le poil autour des pieds à l'aide de ciseaux à bouts recourbés en respectant l'arrondi. Cette opération doit être renouvelée plusieurs fois durant l'été.

Les griffes du cocker s'usent naturellement en marchant et en creusant. Si les griffes sont trop longues (ex. : sujet âgé), elles doivent être limées ou coupées avec une pince spéciale, dite à « guillotine ». Pour éviter de couper dans la partie vitale de l'ongle, demandez une démonstration à votre vétérinaire. Une méthode plus simple consiste à donner davantage d'exercice à votre chien : les griffes s'useront d'elles-mêmes !

5 - Les yeux

Des yeux sains ne doivent être ni rouges, ni larmoyants, ni montrer de boursouflures aux paupières. Éliminez les croûtes qui s'accumulent dans le coin des yeux avec un coton imbibé d'eau bouillie tiède ou de sérum physiologique. Les courants d'air peuvent provoquer des conjonctivites (en voiture, n'autorisez pas le chien à passer la tête par la fenêtre). Les yeux du cocker spaniel sont souvent sujets à l'ectropion (paupière renversée à l'extérieur) ou à l'entropion (enroulement de la paupière à l'intérieur), affections qui provoquent des conjonctivites.

6 - Les dents

On peut brosser les dents à l'aide d'une pâte dentifrice « spécial chien » ou d'une suspension à base de sel et de jus de citron, mais il est évident que le chien n'apprécie pas du tout ce traitement. Pour éviter l'entartrage, il est plus simple de lui proposer de temps à autre un os de veau ou des barres à mâcher. Surveillez l'état des dents et des gencives, l'haleine, le grade d'usure et d'entartrage de la dentition, notez l'éventuelle absence ou cassure d'une dent. Pour détartrer les dents, demandez l'aide de votre vétérinaire. Vers l'âge de 4 mois, le chiot perd ses dents de lait. La dentition définitive ne sera complète que vers 6 ou 7 mois.

7 - La babine inférieure

Des dépôts alimentaires ont tendance à stagner dans la lèvre inférieure du cocker (chéilite). Les restes de nourriture agglutinés dans les plis et les commissures fermentent et peuvent provoquer des inflammations. Après chaque repas, nettoyez les babines avec du papier absorbant et si nécessaire, désinfectez avec de l'eau oxygénée à 10 %.

8 – Les glandes anales

Placées de part et d'autre et à l'intérieur de l'anus, elles se vident normalement pendant les besoins. Quand ce n'est pas le cas, elles peuvent s'infecter et irriter. Le chien « fait le traîneau » en glissant l'arrière-train sur le sol pour se soulager. Afin de vider les glandes, soulevez d'une main la queue et de l'autre, munie préalablement d'un gant en caoutchouc, pressez l'anus entre le pouce et l'index, jusqu'à expulser un jet de liquide marron et malodorant. On peut dégager les poils entourant l'anus avec une paire de ciseaux à effranger.

LES VACCINATIONS

Les vaccinations permettent au cocker de résister à certaines maladies très graves. **Tout propriétaire vigilant et responsable doit faire vacciner son chien contre les principales maladies infectieuses et parasitaires.**

La maladie de Carré : cette maladie infectieuse, virale et contagieuse, est fréquemment rencontrée chez le chiot, mais elle peut affecter le chien adulte. Elle revêt trois formes (pulmonaire, nerveuse et intestinale) qui peuvent coexister dans l'évolution de la maladie.

La parvovirose ou gastroentérite : souvent fatale chez le jeune chien, cette maladie contagieuse est due à un virus et provoque une diarrhée hémorragique, accompagnée de fièvre et de vomissements.

L'hépatite de Rubarth : cette maladie virale et contagieuse du foie se traduit chez le chiot par des troubles oculaires et digestifs, un abattement général.

La rage : due à un virus, la rage touche tous les mammifères, sauvages ou domestiques, et se transmet aussi à l'homme. Chien, chat ou renard sont habituellement responsables de la transmission qui s'opère par la salive (morsure, griffure, léchage). La vaccination antirabique est obligatoire dans toutes les régions contaminées (soit 36 départements, principalement dans la moitié nord-est de la France) et pour le passage des frontières. Dans les zones contaminées, tout chien non tatoué capturé par la fourrière est immédiatement tué. S'il est tatoué, le délai d'euthanasie passe à 5 jours. Période pendant laquelle vous pouvez prouver qu'il a été vacciné. D'où l'importance de faire tatouer votre chien et d'effectuer chaque année le **rappel du vaccin antirabique, avant la date limite de validité !**

La toux de chenil : cette affection virale se manifeste par des troubles respiratoires et une toux caractéristique. Tous les chiens vivant à proximité (ex. : chenil) sont rapidement contaminés. Le vaccin se fait chez le chiot âgé de quatre à six semaines.

La piroplasmose : cette maladie parasitaire est transmise par les tiques porteuses du piroplasme lorsqu'elles se fixent et boivent le sang. Le parasite se loge dans les globules rouges du chien et les détruit. Certaines régions géographiques sont plus exposées que d'autres à cette maladie qui sévit surtout au printemps et à l'automne. La vaccination est conseillée pour les chiens qui chassent ou qui vivent à la campagne.

Les leptospiroses : il s'agit de maladies bactériennes (« typhus » du chien) qui se transmettent par l'urine des rats et des mulots déposée sur les aliments du chien ou dans l'eau (mare, boue, caniveau…). On distingue les formes rénale, digestive et hépatique, toutes très difficiles à soigner. Commune chez le chien, la leptospirose se transmet également à l'homme et à d'autres espèces animales. Le traitement est à base d'antibiotiques.

L'ehrlichiose ou rickettsiose : se transmet également par des tiques et touche plus fréquemment les chiens vivant ou ayant séjourné en Afrique, au Moyen-Orient, sur le continent américain et dans le bassin méditerranéen. Le traitement est à base d'antibiotiques.

De même, la **leischmaniose**, transmise par la piqûre d'un moustique, le phlébotome, ne concerne que les chiens vivant ou ayant vécu sur le pourtour méditerranéen.

Calendrier des vaccinations :

Vaccinations	1ère injection	2ème injection	1er rappel	2e rappel
Maladie de Carré	2 mois	3 mois	1 an après	tous les 2 ans
Parvovirose	2 mois	3 mois	1 an après	tous les 2 ans
Hépatite de Rubarth	2 mois	3 mois	1 an après	tous les 2 ans
Leptospiroses	3 mois	4 mois	1 an après	tous les ans
Rage	3 mois	---	1 an après	tous les ans
Piroplasmose	3 mois	4 mois	1 an après	tous les ans

Les cinq premiers vaccins peuvent être groupés en une seule injection.

PARASITES INTERNES : LES VERS

Les vers les plus courants sont les ascaris (ou vers ronds) et les ténias (ou vers plats). Installés dans l'intestin, ils se multiplient et épuisent le chien.

Les ascaris, fins et longs de 7 à 9 cm, sont les plus nuisibles. La mère non vermifugée les transmet au fœtus ou au chiot par son lait. Ils provoquent des troubles très graves (diarrhée, constipation, vomissement) et libèrent une substance toxique pouvant déclencher des crises d'épilepsie.

Moins dangereux, les ténias sont difficiles à déloger. Leurs larves vivent dans les puces que le chien avale quand il essaye de s'en débarrasser. Le ténia arrive dans l'estomac et s'y développe. Ressemblant à des grains de riz de couleur blanchâtre, on retrouve les « anneaux » du ténia dans les selles du chien. Il existe encore d'autres vers : les trichures et les ankylostomes s'installent dans l'intestin, les strongles dans les poumons et le cœur, enfin les filaires dans les vaisseaux sanguins et le cœur.

Pour connaître le type de vers, prélevez un échantillon des selles du chien. Le vétérinaire l'analysera et pourra éventuellement effectuer une prise de sang. Il prescrit un médicament qui tue les vers dans l'intestin : le vermifuge.

Calendrier du vermifuge :

Chiot :
1er vermifuge à 2-3 semaines
2ème vermifuge à 5-6 semaines
puis tous les 3 mois jusqu'à l'âge d'1 an et demi.

Chien adulte : 2 fois par an.

Chienne (si elle doit avoir des petits) :
au moment des chaleurs
10 jours avant la mise bas
10 jours après la mise bas.

PARASITES EXTERNES : POUX, PUCES ET TIQUES

Si votre cocker se gratte furieusement, il y a de grandes chances pour qu'il soit infesté de puces, de poux, d'aoûtats ou de tiques. Les puces sont des parasites temporaires. Elles pondent leurs œufs dans les tapis, la corbeille ou la niche du chien. Sur le chien, elles peuvent provoquer des allergies localisées sous forme d'eczéma suintant. Les poux sont des « hôtes » permanents du chien et se rencontrent surtout en milieu rural. Ils déclenchent une dermite prurigineuse. Les œufs sont collés à la base des poils. De couleur rouge orangé, les aoûtats sont des larves d'arthropodes que le chien ramasse en grand nombre dans les champs, surtout à la fin de l'été. Les tiques, de la famille des acariens, sont des parasites temporaires. Principalement au printemps et à l'automne, elles se fixent sur le chien pour pomper du sang, après quoi elles se laissent tomber. Certaines tiques sont dangereuses, car elles sont porteuses de piroplasmes, de rickettsies ou de la borréliose (maladie de Lyme). Pour plus de sécurité, vaccinez votre cocker contre la piroplasmose.

Déloger les indésirables

On peut combattre les parasites avec des produits appropriés. Il existe dans le commerce des shampooings antiparasitaires, des aérosols, des lotions et des poudres insecticides. Consultez votre vétérinaire quant au choix du produit (certains produits pouvant déclencher des allergies !). Désinfectez également le panier du chien et son tapis, l'endroit où il a l'habitude de se coucher et le sol de la maison, sans quoi le déparasitage serait sans effet.

Le collier anti-parasitaire élimine aussi bien les poux que les puces et les tiques, mais il existe des modèles spécifiques. Son efficacité, d'environ 3 mois, est réduite par le contact avec l'eau. Si une tique s'est plantée dans le corps du cocker, retirez-la sans attendre. Il est important de ne pas rompre la tête du parasite. Fichée sous l'épiderme, elle provoquerait un abcès. Anesthésiez la tique en la frottant avec un coton imbibé d'éther, puis deux minutes plus tard, retirez-la doucement avec une pince à épiler d'un geste pivotant et détruisez-la. Il existe également des pinces spéciales très efficaces.

AUTRES PIÈGES

Les épillets : ces épis secondaires des graminées mûres s'accrochent aux poils du cocker et peuvent pénétrer dans les oreilles, les yeux, les espaces interdigitaux des pieds et le museau. Ils peuvent provoquer des troubles très graves. Inspectez régulièrement votre chien après chaque promenade à la campagne ou après chaque sortie de chasse.

La piqûre d'insecte : le cocker essaye souvent d'attraper l'abeille ou la guêpe qui vole au-dessus de lui. S'il y a piqûre, retirez immédiatement le dard avec une pince à épiler. Appliquez de la glace pour soulager l'animal. Une piqûre sur le museau ou dans la gorge est très grave, car elle peut entraîner l'asphyxie. Il faut conduire le chien d'urgence auprès d'un vétérinaire et lui administrer un traitement à base d'antihistaminiques et de corticoïdes.

Contact du pelage avec un produit toxique : coupez les poils souillés et lavez l'endroit abondamment avec un savon ou un shampooing neutre. Rincez et recommencez si nécessaire. N'utilisez jamais de solvant ou de décapant !

Ingestion d'aliments avariés : essayez de le faire vomir en l'obligeant à boire de l'eau tiède très salée.

La canicule : pour éviter le coup de chaleur, un malaise cardiaque ou respiratoire, votre cocker doit avoir à disposition un coin frais. Aspergez-le régulièrement avec de l'eau froide en commençant par les pattes, la croupe puis le poitrail ou offrez-lui une baignade rafraîchissante dans un étang ou dans une rivière.

LE CHIEN EN VOITURE

Quelques conseils quand vous voyagez avec votre cocker spaniel.

Ne l'enfermez jamais dans le coffre fermé d'une berline !

Sur les trajets de longue durée, faites une halte toutes les heures pour lui donner à boire et lui permettre de se dégourdir les pattes. D'autre part, avant de partir en voyage, renseignez-vous sur les conditions d'admission dans les campings, les plages, les hôtels et les restaurants.

En été, n'enfermez en aucun cas votre cocker dans une voiture, même si celle-ci est garée à l'ombre et si ses vitres sont légèrement abaissées. Par temps ensoleillé ou lourd, la température à l'intérieur du véhicule peut rapidement dépasser 50 °C. Autant dire que l'animal se trouve dans un véritable four. Le nombre de chiens qui meurent chaque été suite au coup de chaleur en voiture est effarant. Une telle inconscience de la part du propriétaire est inadmissible. Nombreux sont les conducteurs qui oublient également que le soleil change de position !

79

COMMENT RECONNAÎTRE UN CHIEN MALADE

Vous devez apprendre à observer votre cocker spaniel ! Mieux vous le connaîtrez, plus vite vous découvrirez des signes alarmants. En localisant l'affection et en observant les symptômes, vous permettrez à votre vétérinaire d'intervenir plus rapidement. N'essayez pas de soigner vous-même votre animal avec des « médicaments maison ». L'automédication cause en général plus de mal que de bien. Le diagnostic exact et le traitement approprié sont réservés au praticien. **N'hésitez pas à consulter le vétérinaire, il est là pour vous aider**. Le numéro de téléphone et l'adresse du vétérinaire, les horaires de consultation, les coordonnées de son remplaçant et du centre antipoison doivent figurer à proximité du téléphone pour parer à toute urgence.

Tout signe de fatigue, d'abattement anormal ou prolongé doit être un sujet d'inquiétude. Une température élevée peut confirmer un doute. Il en est de même pour un manque d'appétit, un amaigrissement progressif, une perte de poils et un manque de brillance du pelage. Le chien ne doit pas avoir de problèmes respiratoires : ni toux, ni essoufflement constant, ni écoulement nasal. Des diarrhées fréquentes, des selles montrant des aliments non digérés ou entourées de glaire, une fréquence anormale de défécation, la présence de sang frais ou digéré (noir) dans les excréments, des vomissements fréquents et aigus sont des signes à prendre très au sérieux. Toute anomalie de l'urine (trace de sang) ou un besoin exagéré d'eau doivent attirer l'attention du propriétaire. Un écoulement de pus de la vulve, ou d'un liquide trouble de la verge doivent être traités. Des yeux larmoyants, rouges, des paupières et un globe oculaire gonflés, des oreilles malodorantes, enflées, sales (écoulement, croûtes), une peau recouverte de boutons, d'eczémas, une boursouflure anormale à la surface du corps, sont autant de symptômes qui réclament un traitement. Un chien victime d'une fracture ou d'une boiterie soudaine, mais tenace, doit être immobilisé en attendant le diagnostic.

LES AFFECTIONS PARTICULIÈRES À LA RACE

Les oreilles sont le talon d'Achille du cocker. Longues et pendantes, elles créent un microclimat chaud, humide et anaérobe (peu ou pas aéré) : les conditions idéales pour le développement d'une « soupe bactérienne ». Champignons, bactéries, parasites (acariens), épillets... sont au rendez-vous dans les oreilles de votre compagnon.

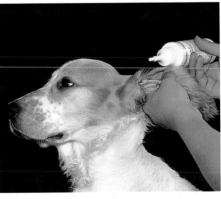

L'otite aiguë ou chronique est la suite logique de toutes ces agressions (otites mycosique, bactérienne, parasitaire...). L'infestation parasitaire se traduit par une gale auriculaire très contagieuse qui provoque un prurit intense et la production d'un cérumen brunâtre. On parle d'une otite cérumineuse quand on constate un abondant et épais cérumen associé à une rougeur importante.

L'atrophie rétinienne progressive ou P.R.A. est encore appelé « cécité nocturne ». Il s'agit d'une dégénérescence de la rétine qui entraîne la perte de la vision. Les symptômes se manifestent généralement chez le chien âgé d'1 ou 2 ans mais parfois les premiers troubles n'apparaissent que vers 7 ou 8 ans. Effectué par des vétérinaires spécialisés, le dépistage de cette affection héréditaire (test de la P.R.A. par électrorétinographie) devrait être obligatoire. Les éleveurs sérieux font subir cet examen annuellement à leurs chiens reproducteurs. Tout cocker suspect ou atteint doit être impérativement écarté de la reproduction.

La cataracte héréditaire (HC) est une opacification du cristallin qui conduit à la cécité. Le cocker spaniel peut être atteint à n'importe quel âge. Les lésions sont facilement identifiables par un vétérinaire spécialisé en ophtalmologie. Tous les chiens devraient être soumis à un dépistage obligatoire à l'âge d'un an, dépistage qui sera régulièrement renouvelé. Tous les sujets à risque doivent être retirés de la reproduction.

L'ectropion est une malformation de la paupière, fréquente chez le cocker. Renversée à l'extérieur, elle entraîne une conjonctivite chronique et un larmoiement continu. Dans le cas de l'**entropion**, la paupière est enroulée à l'intérieur. Les cils irritent la cornée et provoquent une ulcération. Dans les deux cas, il s'agit d'une affection congénitale, probablement héréditaire, qui ne se traite que chirurgicalement. Ces malformations se déclarent généralement entre cinq semaines et quatre mois.

La conjonctivite touche souvent les yeux du cocker, que ce soit suite à une malformation de la paupière, à une inflammation ou suite à un traumatisme. La kératoconjonctivite sèche est assez fréquente ; elle est due à une insuffisance de sécrétions de larmes ; la cornée n'est donc plus lubrifiée.

Le glaucome primitif à angle fermé, d'origine héréditaire, est caractérisé par une augmentation brutale de la tension oculaire après l'âge de 2 ans.

La luxation médiane de la rotule, d'origine congénitale et vraisemblablement héréditaire, se caractérise par des boiteries brèves et intermittentes. Parfois, la patte postérieure reste en flexion durant quelques instants. Le cocker se déplace alors d'une démarche sautillante sur trois pattes. Si le stade est avancé, l'intervention chirurgicale devient indispensable.

La dysplasie coxo-fémorale est une affection héréditaire qui touche principalement les chiens de race de grande taille, sans pour autant épargner les chiens de taille plus réduite. Chez le cocker spaniel, elle reste assez rare. Il s'agit d'un défaut d'ajustement de la tête du fémur et de la cavité de l'os du bassin. L'articulation s'use mal sous l'effet des sollicitations et l'arthrose apparaît de manière précoce, généralement vers 5-6 mois, et s'accentue vers 1 ou 2 ans. Le sujet atteint montre une démarche dandinante, des mouvements douloureux, des débuts de paralysie. La gravité des symptômes est très variable et la transmission de la maladie n'est pas systématique.

Les éleveurs peuvent soumettre leurs chiens reproducteurs à un dépistage systématique de la dysplasie coxofémorale (radiographies effectuées par un vétérinaire spécialisé) afin de retirer de l'élevage les cockers atteints. Même si cette affection reste peu fréquente chez le cocker, il faut s'assurer à l'achat du chiot que les parents et les grands-parents sont exempts de dysplasie (le certificat officiel porte la note « A »).

La néphropathie familiale (FN) est une tare génétique qui provoque chez le cocker une dégradation du rein par atrophie. Souffrant de crises d'urémie (soif intense, perte d'appétit, vomissements), le chien ne survit guère plus de 2 ans à cette maladie. Les cockers pluricolores semblent plus touchés que les unicolores. Les sujets affectés doivent être impérativement écartés de la reproduction. En Angleterre et en France, une liste des chiens porteurs de la tare a été établie.

L'hypothyroïdie est une insuffisance de fonctionnement de la glande thyroïde. L'hormone thyroxine est d'une importance capitale pour la nutrition et pour le poil. Insuffisamment produite, on observe une chute de poils symétrique, un ralentissement cardiaque, des troubles de l'humeur, l'obésité. Le traitement se fait avec des hormones thyroïdiennes de synthèse.

L'épilepsie est une affection nerveuse congénitale qui touche le cocker âgé de 3 ou 4 ans. Les crises de « grand mal » sont très spectaculaires tandis que les épisodes de « petit mal » ne durent que quelques secondes.

MANIPULER UN CHIEN SOUFFRANT

Porter son cocker : on transporte un chien malade ou blessé en passant un bras sous la poitrine et l'autre bras sous les fesses, en soutenant les membres postérieurs. Un chien inconscient, malade ou blessé au thorax et/ou au ventre doit être transporté à plat sur une civière (couverture tendue ou planche).

La muselière de fortune : un chien souffrant peut mordre, la douleur pouvant déclencher une agression par irritation. Pour éviter de vous faire mordre pendant toute manipulation (transport, soins), prenez une bande d'étoffe assez longue, faites une boucle avec un nœud plat. Passez la boucle sur le museau du chien, serrez légèrement au-dessus du museau, descendez les deux bouts de la bande, placez un second nœud sous la mâchoire inférieure, serrez puis ramenez les deux pans de la bande derrière les oreilles. Nouez une dernière fois au niveau de la nuque (nœud double, facile à défaire).

Attention : ne muselez jamais un chien au museau court ou un chien qui a du mal à respirer.

Maintenir le chien pour des soins : pour immobiliser le cocker, tenir son corps debout étroitement serré contre soi, passer un bras sous son estomac, et de l'autre enlacer l'encolure.

LES SOINS À DOMICILE

En demandant conseil auprès de votre vétérinaire, constituez une **pharmacie** pour votre cocker. Elle devrait contenir les médicaments de base indispensables (vermifuge, antihistaminique, laxatif, collyre, charbon actif…), des bandages et des compresses, des antiseptiques, un thermomètre, une pincette, une paire de ciseaux.

Prendre la température : ce geste simple donne un précieux renseignement sur l'état de santé de votre cocker. Après avoir enduit le bout de vaseline, on introduit le thermomètre jusqu'au tiers de sa longueur dans l'anus du chien. Laissez-le en place pendant une minute avant de lire la température. La température normale d'un chien en bonne santé se situe entre 37,8 et 38,5 °C.

Donner un médicament :
– de forme solide : les médicaments sous forme de poudre et de granulés doivent être soigneusement mélangés à la nourriture. Si votre cocker se montre récalcitrant, faites-le jeûner une journée. Les médicaments sous forme de comprimés, de gélules ou de pilules s'avalent. Donnez au chien un peu à manger avant de lui administrer le produit pour éviter une irritation de l'estomac. Ouvrez-lui la bouche et projetez la pilule le plus loin possible derrière la bosse de la langue afin de déclencher le réflexe de déglutition. Tenez la gueule du chien fermée pendant quelques instants en position verticale et massez-lui la gorge, pour l'aider à avaler.
– de forme liquide : s'il s'agit d'une poudre, il faut la mélanger préalablement à de l'eau dans une seringue sans aiguille. Maintenez la tête du chien vers le haut, soulevez la lèvre d'un côté et introduisez la seringue (sans aiguille !) au fond de la commissure, entre les dents, puis poussez lentement sur le piston.
– le suppositoire : munissez-vous d'un gant stérile, enfoncez le médicament profondément dans le rectum du chien avec l'index puis maintenez la queue serrée contre l'anus pour éviter que le chien n'expulse le produit.

Le collyre : tenez la tête de votre cocker un peu élevée, bloquez la paupière supérieure avec l'index et abaissez la paupière inférieure avec le pouce, puis, laissez tomber quelques gouttes du collyre entre l'œil et la paupière, en faisant attention de ne pas toucher l'œil avec le bout du compte-gouttes. Fermez l'œil puis massez doucement pour une bonne diffusion du produit. N'utilisez qu'un collyre indiqué par le vétérinaire et ne le conservez pas plus de 15 jours s'il est entamé.

Les gouttes dans les oreilles : nettoyez le pavillon auriculaire, tenez l'embout ou le compte-gouttes de manière verticale au-dessus du canal, laissez glisser les gouttes ou la crème et massez immédiate-ment l'oreille pendant une bonne minute pour éviter que le chien ne se secoue et pour permettre une meilleure pénétration du produit.

La piqûre sous-cutanée : s'il s'agit d'un traitement à long terme, le vétérinaire peut vous demander de procéder vous-même aux piqûres sous-cutanées. Seringues et aiguilles (8/10 ou 9/10 de mm) doivent être stériles. Remplissez la seringue du produit et pous-sez sur le piston pour en faire jaillir une goutte, afin d'être sûr qu'elle ne contienne plus d'air. Soulevez avec les doigts un pli de la peau entre les omoplates et désinfectez l'endroit prévu de la piqûre avec un coton imbibé d'alcool à 90°. Enfoncez l'aiguille horizontalement d'un coup sec dans le milieu du triangle de peau en faisant attention à ne pas transpercer les deux épaisseurs de peau. Injectez le médica-ment lentement puis, une fois la seringue vide, retirez l'aiguille d'un geste bref. Massez la peau pour permettre la bonne circulation du produit et désinfectez une dernière fois la zone.

Le collier élisabéthain : pour éviter que votre cocker n'enlève un pansement, ne lèche une plaie ou ne se gratte la tête, il faut lui enfiler une collerette (carton ou plastique) en forme de cône tronqué, que l'on fixe à son collier.

LES URGENCES

Certains gestes peuvent sauver un animal accidenté, blessé ou in-toxiqué. Dans ce domaine, la théorie ne peut rivaliser avec la pra-tique. Proposez à votre vétérinaire d'organiser une **séance de se-courisme canin**. Des gestes très précis, comme le massage car-diaque ou la respiration artificielle requièrent un certain entraîne-ment. Il est très important de ne pas paniquer, de calmer le chien par la voix, de le museler s'il veut mordre, de reconnaître la cause et d'apprécier la gravité de l'urgence. Dans un premier temps, vérifiez si le chien respire, si le cœur bat.

La respiration du chien : elle se compte en nombre d'inspirations et d'expirations, soit 20 à 30 respirations par minute. Si aucun mouvement respiratoire n'est perceptible, placez votre oreille contre le poitrail et écoutez les battements du cœur. Le pouls du chien peut se mesurer à l'intérieur de la cuisse. Le rythme cardiaque est de l'ordre de 50 à 90 pulsations par minute pour un gros chien, elles vont jusqu'à 150 pour un petit chien. Si le chien ne respire plus, pratiquez la respiration artificielle, si le cœur ne bat plus, procédez à un massage cardiaque.

1 – Un chien en **état de choc** se distingue par le bout des pattes froid, des yeux fixes, des gencives très pâles et un pouls filant (faible et irrégulier). L'état de choc entraîne le coma puis la mort. Il faut pratiquer d'urgence un massage cardiaque et/ou la respiration artificielle. Si nécessaire, ce traitement doit être poursuivi pendant le transport du chien chez le vétérinaire. Tendez la nuque du chien, dégagez la bouche de tout corps ou substance entravant la respiration (salive, sang, vomissures…) et tirez la langue en avant.

La *réanimation cardiaque* s'opère sur le chien allongé, par la compression régulière de la cage thoracique. Il s'agit d'un geste médical très précis qui ne devrait être effectué que par un vétérinaire ou une personne expérimentée. Les deux paumes superposées sont placées sur le poitrail à environ 5 cm en arrière du coude gauche. On appuie fermement en effectuant un mouvement vers le haut pour comprimer le cœur et envoyer le sang vers le cerveau. Ce mouvement est répété 4 fois, à intervalle d'une seconde, puis on ventile et on répète le cycle « 4 pressions, 1 ventilation ». Massage cardiaque et ventilation artificielle sont alternés jusqu'à ce que le cœur se remette à battre.

La *respiration artificielle* ou la ventilation se fait en insufflant de l'air dans les narines (pour le « bouche à truffe », maintenez la gueule du chien fermée) pendant 3 à 4 secondes. Faites une pause de 2 secondes puis répétez. Vérifiez régulièrement si le cœur se remet à battre et/ou si le chien commence à respirer.

2 – Si le chien **saigne** abondamment d'une plaie, il faut appliquer plusieurs couches d'un linge propre ou de compresses stériles et presser fortement pour permettre la coagulation du sang. En cas d'hémorragie au niveau des pattes, posez un pansement compressif sur tout le membre.

3 – Un chien victime d'un **coup de chaleur** doit être immédiatement transporté à l'ombre. Pour le réanimer, placez-lui des linges mouillés sur le crâne ou une poche de glace autour de la tête, aspergez-le d'eau froide ou mieux, plongez-le dans une baignoire ou une bassine d'eau froide.

4 – On doit soulager une **brûlure** avec de l'eau froide. Désinfecter la plaie. En cas de brûlure grave, on applique un linge propre et humide mais surtout pas de corps gras.

5 – Une **patte cassée** doit être immobilisée avec du coton hydrophile et des attelles (branches, baguettes de bois, ou même un journal plié en gouttière), le tout solidement fixé avec un bandage ou du sparadrap.

6 – Si votre chien vient d'être mordu par un serpent, il faut s'assurer qu'il s'agit bien d'une **morsure de vipère** : trace de deux piqûres rougeâtres espacées de quelques millimètres, enflure rapide. Évitez surtout le garrot, l'incision ou l'aspiration de la plaie. Désinfectez et emmenez d'urgence le chien chez le vétérinaire, sans le faire marcher ni le brusquer.

7 – Les **produits toxiques** sont nombreux dans notre environnement (antigel, insecticide, raticide, certaines plantes…). Les symptômes sont très variables selon le type de poison avalé (vomissements, convulsions, salivation, tremblements…). Recherchez le produit ingéré et son emballage pour les montrer au vétérinaire. N'administrez surtout pas de « purgatif maison » et appelez immédiatement un centre antipoison ou le vétérinaire. Si les soins tardent, donnez-lui du charbon végétal actif ou essayez de le faire vomir avec de l'eau tiède très salée (uniquement sur avis du vétérinaire).

8 – Si le chien a avalé un **corps étranger** qui est resté bloqué dans la gorge ou dans les molaires, faites-vous assister par une personne, ouvrez la gueule du chien et ôtez l'objet, si nécessaire à l'aide d'une pince. Si l'objet a déjà atteint le tract digestif, rendez-vous d'urgence auprès d'un vétérinaire.

9 – **L'électrocution** se produit surtout chez le chiot jouant avec des fils branchés laissés à sa portée. Elle provoque généralement des brûlures des gencives et de la langue. Une antisepsie préviendra alors l'infection. Cependant l'intensité du courant peut provoquer un choc fatal.

L'ASSURANCE MALADIE

Votre cocker spaniel n'étant pas à l'abri d'accidents, d'empoisonnements ou de maladies, certaines compagnies d'assurances proposent une garantie qui couvre les frais de vétérinaire (excepté les vaccinations, les mises bas difficiles et les opérations de chirurgie esthétique). Avant de choisir une compagnie, il faut se documenter sur les clauses, les franchises et les plafonds fixés par l'assureur.

LE COCKER ÂGÉ

Le cocker spaniel partage avec quelques terriers et quelques races naines un record de longévité. De plus, il conserve longtemps un tempérament actif et joueur.

Vers 10 ans, les poils de son museau blanchissent, sa vue et son ouïe commencent à baisser. Puis les mouvements se ralentissent car les rhumatismes le font souffrir. Il dort de longues heures et quand il se réveille, il vous cherche du regard. Faible et vulnérable, votre compagnon réclame à présent toute votre sollicitude.

Vers 14 ou 16 ans, quand ses problèmes de santé deviennent trop fréquents, qu'il perd l'appétit et sa joie de vivre, que sa guérison devient très aléatoire, ne le laissez pas souffrir davantage. C'est le plus grand cadeau que vous pouvez faire à votre cocker après toutes ces années de complicité. Le maître attentif sent quand le moment décisif est venu. Si vous avez un doute, prenez conseil auprès de votre vétérinaire. Demandez-lui de procéder à l'euthanasie à votre domicile. Il endormira le chien avec une forte dose d'anesthésique afin qu'il s'éteigne sans aucune souffrance. Durant ces dernières minutes, caressez votre ami et parlez-lui doucement.

LA REPRODUCTION

La maturité sexuelle intervient chez la chienne cocker spaniel généralement entre 10 et 12 mois. Chez le mâle, l'activité sexuelle est constante alors que la femelle est en chaleur environ tous les 8 mois. Les chaleurs, qui durent une vingtaine de jours, se traduisent par une enflure de la vulve et un écoulement du vagin de couleur rouge ou rose.

La chienne n'accepte le mâle qu'à partir du 10ème jour des chaleurs. Il est conseillé de ne pas faire reproduire une chienne avant l'âge de 2 ans ou 2 ans et demi (donc pas avant les troisièmes chaleurs), le temps que son squelette se consolide.

Si vous désirez que votre chienne ait une portée, choisissez un mâle qui lui convienne. Le père, avant d'être beau, doit avoir un caractère bien équilibré et être exempt de toute maladie congénitale ou héréditaire (voir chapitre hygiène et santé). Évitez absolument la consanguinité et le line-breeding (croisement de deux géniteurs ayant des ancêtres communs) trop serré. Choisissez des lignées les plus éloignées possible ! De plus, les alliances entre chiens unicolores et pluricolores sont fortement déconseillées car le risque d'obtenir des chiots mal tachés (ex. : cocker rouge avec bout des pattes blanc) est très élevé. Le S.C.C. et le Club de Race ne reconnaissent d'ailleurs par les sujets issus de ces mariages. Une connaissance de base en génétique est indispensable pour le choix et l'obtention des différentes robes. Prévoyez la naissance de petits à la fin du printemps et pour l'été. Les chiots pouvant sortir plus tôt à l'extérieur se développent dans de meilleures conditions.

L'ACCOUPLEMENT

Le moment le plus propice pour l'accouplement se situe entre le 10ème et le 14ème jour après le début des chaleurs. Amenez la chienne préalablement vermifugée auprès du mâle (non l'inverse) et laissez-les faire connaissance. Il est préférable de s'éloigner et d'observer les chiens de plus loin. Ne les forcez pas, c'est tout à fait inutile, et laissez-leur tout le temps nécessaire. Pour plus de sécurité, représentez la femelle au mâle 2 jours plus tard, même s'il y a eu accouplement lors de la première rencontre. Un examen microscopique d'un frottis vaginal permet de déterminer avec certitude le meilleur jour pour la fécondation. En effet, certaines femelles sont fécondes déjà le 10ème jour ou, à l'autre extrême, seulement le 18ème jour.

Si la femelle refuse de s'accoupler, il est préférable de lui présenter le partenaire un peu plus tard (quelques heures suffisent parfois) ou de choisir un autre mâle à sa convenance. Certaines chiennes refusent catégoriquement de s'accoupler à un individu de leur propre race mais acceptent les mâles d'autres races ou des bâtards. Un mâle peut ne pas vouloir se reproduire, « inhibé » dans son comportement par la seule présence de son maître. Les raisons de l'échec d'un accouplement sont nombreuses et ne devraient pas être systématiquement palliées par l'insémination artificielle.

Le mâle se dresse sur ses pattes arrière et enserre la croupe de la femelle de ses pattes avant. Au bout d'une minute, il redescend mais les chiens restent accrochés l'un à l'autre. À l'extrémité du pénis se trouvent deux bulbes érectiles qui enflent au moment du coït. Mâle et femelle restent ainsi « collés » pendant une vingtaine de minutes. Surtout ne les séparez pas, vous risqueriez de provoquer de graves blessures au mâle comme à la femelle. Si l'un ou l'autre des chiens se montre agressif pendant l'accouplement, jetez-leur un seau d'eau froide. Cela ne leur fait aucun mal et les calme rapidement !

Après l'accouplement, les chaleurs de la femelle durent encore quelques jours. Elle ne doit pas rencontrer d'autres mâles pendant cette période, car elle pourrait s'accoupler à nouveau. Certains ovules libres pouvant être encore fécondés, elle pourrait avoir des chiots de pères différents.

LA GESTATION

La gestation dure en moyenne 63 jours (de 56 à 65 jours). Pendant ces deux mois, 1 à 14 ovules fécondés vont se développer dans l'utérus de la femelle. Le vétérinaire peut confirmer la présence des chiots par palpation (à partir du 24ème jour) ou par échographie (à patir du 35ème jour). Ce n'est que vers la 5ème semaine que la femelle commence à grossir. Vers la 6ème, les mamelles enflent et vers la 8ème, elles se remplissent de lait. La chienne est à présent très déformée. Une chienne cocker spaniel gestante doit recevoir une nourriture plus abondante et plus riche que d'ordinaire, soit 1,5 fois la quantité habituelle de sa pâtée et un apport important en calcium et phosphore. La nourriture est servie en deux repas quotidiens. Demandez le régime adéquat à votre vétérinaire.

AVANT LA MISE BAS

Préparez une caisse de mise bas en bois, tapissée de linges propres. Elle devrait être conçue pour que la chienne et ses chiots aient suffisamment de place (80 x 100 cm). Installez des barres ou des planches à claire-voie pour éviter que les chiots ne soient écrasés involontairement contre les parois par la mère. Les bords doivent être assez hauts pour éviter aux chiots de glisser ou de chuter à l'extérieur (25 cm de haut à l'avant, 50 cm de haut sur les côtés et l'arrière). Un petit toilettage s'impose pour la future mère : coupez les poils autour des mamelles et de la vulve et dégagez l'intérieur des cuisses.

Si la chienne devient nerveuse, refuse de manger, cherche un endroit propice pour la mise bas et essaye de s'y installer le plus confortablement possible, le début de l'accouchement ne saurait tarder. Durant les dernières semaines de la gestation, la température de la chienne est légèrement inférieure à la normale (38,2 à 38,4 °C). La veille de la mise bas, elle tombe à 37 °C, voire à 36 °C. Cette hypothermie passagère correspond à une chute brutale de progestérone annonçant l'imminence de la mise bas. Informez votre vétérinaire de la journée approximative de la mise bas pour vous assurer de sa disponibilité en cas de complication.

LA MISE BAS

Certaines chiennes cocker spaniel préfèrent rester seules et choisissent les heures les plus tranquilles, d'autres réclament la présence de leur maître. Une chienne en bonne santé, qui a déjà eu une ou plusieurs portées, est tout à fait capable de donner naissance à des chiots sans l'aide de l'homme. Par contre, il est conseillé d'assister les femelles primipares et de suivre le bon déroulement de la mise bas. Préparez des serviettes propres, du désinfectant, une bouillotte et des ciseaux. La chienne doit constamment avoir à sa portée un bol d'eau fraîche. Le début de l'accouchement est marqué par la perte d'un liquide transparent. Si 4 heures après le début des contractions, aucun chiot n'est encore apparu, il faut appeler le vétérinaire.

Le chiot est expulsé généralement tête en premier, enveloppé du sac amniotique. La mère le libère de cette enveloppe, le sèche en le nettoyant à grands coups de langue pour stimuler la respiration. Avec les dents, elle coupe le cordon ombilical. Un chiot en bonne santé se dirige immédiatement par un mouvement pendulaire de la tête vers une mamelle et cherche à téter. Pour le moment encore aveugle et sourd, son odorat et ses récepteurs thermiques sont déjà actifs. Les contractions reprennent jusqu'à ce qu'un second chiot apparaisse. Le temps qui s'écoule entre deux naissances est très variable : de quelques minutes à une heure, parfois deux en fin de mise bas. En moyenne, le chiot suivant vient au bout de 20 à 30 minutes. Pas plus de 2 heures ne devraient séparer deux expulsions ni plus de 30 minutes si les contractions sont violentes et ininterrompues. Dans le cas contraire, il est conseillé d'appeler le vétérinaire. La mise bas dure en moyenne de 2 à 8 heures, elle ne devrait en aucun cas dépasser 20 heures. Après chaque naissance, la femelle rejette le placenta (enveloppe brune) et le mange aussitôt car il contient une hormone qui déclenche la lactation. La portée d'une chienne cocker spaniel comprend en moyenne 4 à 6 chiots.

La couleur évolue chez les chiots de couleur bleue. Pour différencier le chiot qui sera bleu de celui qui sera noir et blanc, il suffit de regarder leurs coussinets. Ceux du premier sont gris alors que ceux du second sont roses.

Quand tous les chiots sont séchés, changez les linges de la caisse. Les femelles primipares ou au contraire celles qui ont eu trop de portées peuvent se désintéresser totalement de leurs chiots. N'hésitez pas à enlever un chiot qui paraît trop faible, chétif ou apathique. Si la chienne refuse de s'occuper de l'un ou l'autre de ses chiots, ne la forcez pas et n'essayez pas de les maintenir en vie artificiellement. En règle générale, la chienne perçoit bien mieux que nous l'état de santé d'un chiot. Dès le lendemain, faites venir votre vétérinaire pour vérifier que la chienne n'a plus de chiot dans l'utérus.

L'ALLAITEMENT

Le lait des deux premiers jours (le colostrum) comprend toutes les substances et les anticorps nécessaires à la survie du chiot. La femelle allaitante a besoin d'une nourriture abondante et enrichie en calcium. À la fin de la seconde semaine, elle a besoin du double de la quantité habituelle de nourriture. Renseignez-vous auprès de votre vétérinaire sur le régime adéquat de la chienne, en fonction de l'évolution des chiots ainsi que sur les différentes phases nutritionnelles des chiots. Après l'allaitement, la mère reprend son régime habituel à la fin de la sixième semaine.

La première semaine, les chiots dorment presque tout le temps et ne se réveillent que pour téter. La mère nettoie régulièrement leur région ano-génitale pour favoriser la miction et la défécation. Ils sont incapables de se tenir debout et rampent pour chercher une tétine ou le contact d'un corps chaud. La deuxième semaine est marquée par l'ouverture des yeux entre le 10ème et le 14ème jour. La vision n'est pas immédiate mais se développe progressivement. Le chiot commence à percevoir des sons vers le 13ème jour. Au cours de la troisième semaine, les chiots essayent de se tenir debout. Les premières dents de lait poussent.

Pesez les chiots chaque jour pour suivre leur évolution. Veillez à changer régulièrement les chiots de mamelle, certaines mamelles étant plus productrices que d'autres.

LE SEVRAGE

Il débute vers la fin de la troisième semaine. On prépare les premiers repas liquides à base de lait reconstitué et de céréales pour chiots. À cet effet, ils apprennent à laper. Le sevrage se poursuit jusqu'à l'âge de 6 ou 7 semaines. En général, la mère repousse ses chiots qui essayent de téter à partir de la cinquième semaine (leurs dents de lait pointues blessent ses mamelles). À la fin de la septième semaine, les chiots ne devraient plus téter et être habitués à des aliments solides. On peut commencer à donner aux chiots âgés de 4 semaines des bouillies à base de viande crue et hachée ou des aliments industriels prévus pour cette classe d'âge. Puis, on les habituera à prendre des repas de plus en plus solides (voir alimentation p. 67). La surveillance quotidienne de la prise de poids permet de s'assurer de la croissance normale des chiots.

Pour permettre aux règles hiérarchiques de s'exprimer, les chiots doivent manger dans une gamelle commune.

LA CAUDECTOMIE

L'amputation de la queue (caudectomie) se fait généralement entre le troisième et le septième jour. Un vétérinaire ou un éleveur expérimenté peuvent procéder à cette opération.

L'ALLAITEMENT ARTIFICIEL

Le chiot peut être nourri artificiellement dans des cas exceptionnels : une mère affaiblie, malade ou produisant peu de lait. Il faut se munir d'un biberon pour chiot et de lait de chienne reconstitué qu'on peut se procurer chez le vétérinaire ou en pharmacie. Un chiot réclame 8 biberons par jour les deux premiers jours, 6 biberons entre 3 et 20 jours, 5 biberons entre 20 et 25 jours, puis 4 biberons à partir du 25ème jour. Après chaque repas, massez le bas du ventre avec un coton imbibé d'eau tiède pour lui permettre de faire ses besoins.

LA STÉRILISATION

Un cocker spaniel peut être opéré pour ne plus se reproduire. Chez le mâle, il s'agit d'une vasectomie ou d'une castration. Chez la femelle, on effectue un ovariectomie. La stérilisation temporaire de la chienne à base de pilules ou d'injections est déconseillée car elle augmente le risque de maladies graves (métrite, pyomètre).

Les chiens stérilisés subissent un bouleversement hormonal qui se traduit habituellement par un grossissement. Pour éviter qu'ils ne prennent de l'embonpoint, baissez la quantité de nourriture journalière tout en maintenant l'exercice physique.

DANS L'ATTENTE D'UN MAÎTRE

Il faut offrir aux chiots cocker le maximum de stimuli nouveaux : des jouets permettant d'organiser des bagarres et des poursuites, des objets, odeurs et sons divers, des personnes et des chiens étrangers… Ainsi le chiot sera socialisé avant d'intégrer son nouveau foyer.

LE COCKER SPANIEL ET L'ENFANT

Comme tout chien, le cocker spaniel joue un rôle très important dans la vie d'un enfant, quel que soit son âge. Par le biais du jeu, le jeune enfant, plus confiant, plus dégourdi, explore son environnement plus rapidement et plus loin. Le chien éveille chez l'enfant la notion de la responsabilité et du respect. Il représente un élément sécurisant, un confident patient. Dans une société moderne, où les parents sont souvent absents pendant la journée, il est toujours présent et accueille l'enfant au retour de l'école. Véritable catalyseur, le chien contribue à la stabilité émotionnelle de l'enfant, toutes les frustrations affectives, toutes les tensions trouvant à travers lui un formidable exutoire. D'autre part, le chien peut servir de point de référence quand les parents abordent les problèmes de la sexualité, de la naissance et de la mort.

« Il manquera toujours quelque chose à celui qui, étant enfant, n'a pas vécu avec les animaux. »

Konrad Lorenz

TABLE DES MATIÈRES

© S.A.E.P., 1997
Dépôt légal 1er trim. 1997 n° 2 302

Imprimé en C.E.E.
Imprimé en France